FINANCIAL RISK MANAGEMENT
AND ASSET PRICING

金融风险管理与资产定价

王 展 ◎ 著

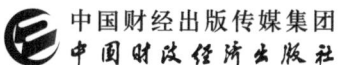

中国财政经济出版社

·北京·

图书在版编目（CIP）数据

金融风险管理与资产定价 / 王展著. -- 北京 : 中国财政经济出版社, 2025.7. -- ISBN 978-7-5223-4122-4

Ⅰ. F830

中国国家版本馆CIP数据核字第2025GD4696号

责任编辑：张　莹　吴韦印　　　责任校对：胡永立
封面设计：陈宇琰　　　　　　　责任印制：党　辉

金融风险管理与资产定价
JINRONG FENGXIAN GUANLI YU ZICHAN DINGJIA

中国财政经济出版社 出版

URL：http://www.cfeph.cn
E‐mail：cfeph@cfeph.cn

（版权所有　翻印必究）

社址：北京市海淀区阜成路甲28号　邮政编码：100142
营销中心电话：010‐88191522　编辑部门电话：010‐88190957
天猫网店：中国财政经济出版社旗舰店
网址：https://zgczjjcbs.tmall.com
涿州汇美亿浓印刷有限公司印刷　各地新华书店经销
成品尺寸：170mm×240mm　16开　10.25印张　115 000字
2025年7月第1版　2025年7月河北第1次印刷
定价：52.00元
ISBN 978‐7‐5223‐4122‐4
（图书出现印装问题，本社负责调换，电话：010‐88190548）
本社质量投诉电话：010‐88190744
打击盗版举报热线：010‐88191661　QQ：2242791300

前　言

当前，金融市场已突破传统框架，随着科技金融的爆炸式发展，比特币哈希率飞速提升，气候债券发行规模迅速扩大，机器学习算法快速迭代，对传统金融理论提出挑战；地缘政治、环境危机等多重冲击，使市场呈现高度非线性、强关联性和极端不确定性。因此，传统风险管理工具在新环境中暴露出结构性缺陷；静态对冲工具难以匹配动态风险图谱，迫使风险管理从防御性策略转向适应性策略。当前的金融风险关联性增强，形成复杂的传导网络。2008年全球金融危机中，美国房地产价格下跌引发连锁性破产；新型风险如算法交易和智能合约的漏洞不断涌现，需采取宏观审慎视角监测系统性风险。此外，信息不对称导致逆向选择和道德风险，市场参与者行为偏差加剧风险积累。市场预期逆转和流动性螺旋加速风险扩散，监管套利行为加剧了顺周期性风险。理解风险本质需平衡效率与稳定。

资本资产定价模型（CAPM）将系统性风险量化为贝塔系数，广泛应用于投资组合管理、风险评估和金融产品创新。其理论框架展现出强大的适应性，为金融市场运行提供了坚实基础。然而，定价机制涉及市场参与者的心理、行为及信息传播。信息不对称扭曲定价机制，尾部风险定价失效对金融系统构成隐患。金融资产定价陷入了困境：CAPM理想化假设瓦解、Fama－French模型脆弱性暴露、APT与实证割裂、流动性悖论、信息不对称、算法交易等挑战持续存在。资产定价模型在解释数字资产时需面临不少困难。NFT 市场狂热和迷因股投机现象表明非基本面因素会影响资产估值；碳定价机制和生物多样性信用等外部性内部化改写了价值源泉，催生新一代的资产定价模型。

  新兴市场的风险管理和资产定价方法成为未来研究的主流方向。绿色资产面临政策承诺波动性、技术路径不确定性和环境效益测算迷雾等风险，碳核算方法学版本迭代和 ESG 评级体系矛盾结论加剧了定价的复杂性。此外，绿色资产定价涉及环境外部性内部化、政策承诺折现和技术路径博弈。数字资产面临智能合约漏洞、共识机制博弈和私钥管理安全危机。数字资产定价通过哈希率、恒定乘积公式和社交资本转化为链上估值，形成了复杂的过程。复杂系统理论揭示了市场突变的复杂性，网络科学强调金融机构关联性遵循幂律法则。基于主体的建模技术复现流动性螺旋和资产泡沫，数据科学通过卫星图像和自然语言处理技术可将另类数据转化为金融收益。因此，探究新兴市场的风险管理和资产定价方法是研究未来金融市场的方向。

王　展

2025 年 6 月

目 录

第1章 引 言 // 1
  1. 市场生态的颠覆性重构 // 1
  2. 风险管理范式的失效与新生 // 3
  3. 资产定价理论的认知革命 // 4
  4. 方法论革新的十字路口 // 6

第2章 文献综述 // 8
  1. 金融风险度量和管理的研究概述 // 8
    消费者决策理论 // 8
    随机优势理论 // 9
    均值—方差理论 // 12
    均值—方差理论的改进 // 14
    行为金融学对投资组合理论的影响 // 16
  2. 资产定价模型和机制研究 // 19
    资产定价模型 // 19
    对 CAPM 的批评 // 20
    改进资产定价模型 // 21

第 3 章 金融风险度量和管理 // 26

1. 经典投资组合理论 // 26

 现代投资组合理论的基本假设 // 26

 现代投资组合理论的核心内容 // 30

2. 金融风险的种类和内涵 // 34

 市场风险 // 34

 信用风险 // 35

 流动性风险 // 36

 操作风险 // 37

 法律与合规风险 // 37

 系统性风险 // 38

3. 金融风险形成和风险传播 // 40

 风险孕育的微观机理 // 40

 风险扩散的传导网络 // 42

 风险演化的系统特征 // 43

4. 金融风险预测和防范 // 45

 交换方差和风险不对称性 // 46

 连续风险和非连续风险 // 47

 金融风险的防范 // 49

5. 金融风险度量和投资决策 // 51

第 4 章 资产定价模型和机制 // 59

1. 资本资产定价模型的应用场景 // 59

 风险定价的基准 // 60

        企业决策　　//　61

        制度设计　　//　62

        理论边界的拓展　　//　63

2. 套利资产定价模型的应用场景　　//　66

        多因子定价　　//　67

        跨市场套利　　//　68

        风险管理　　//　70

        金融工程　　//　71

        理论拓展　　//　72

3. 实证资产定价模型比较分析　　//　75

        实证资产定价模型的局限性　　//　75

        因子模型膨胀　　//　77

        非线性重构　　//　78

        实证方法论的变革　　//　80

        实证定价模型的未来发展　　//　81

4. 高维阶矩资产定价模型分析　　//　84

        金融风险的维度　　//　84

        高阶矩模型　　//　86

        市场异象中的高阶矩　　//　88

        风险管理　　//　89

        理论前沿与未来挑战　　//　90

5. 资产定价机制分析　　//　92

        信息传递与价格发现　　//　92

        风险定价的动态平衡　　//　94

金融资产的流动性　// 95
　　资产定价的理性困境　// 97
　　资产定价的技术重构　// 98
　　全球化经济环境中的资产定价　// 99

6. 金融资产定价的困境　// 100
　　理论模型的困境　// 101
　　市场现实情况的复杂性　// 102
　　技术革命的冲击　// 104
　　全球化环境下的定价难题　// 105

第5章　新兴市场的风险管理和资产定价　// 107

1. 绿色资产的金融风险分析　// 107
　　政策锚点的脆弱性　// 108
　　技术路径的陷阱　// 109
　　环境效益的测算难题　// 111
　　市场深度的结构性缺陷　// 112
　　气候模型与转型路径的认知风险　// 113
　　漂绿风险与信任危机　// 115

2. 绿色资产的资产定价机制分析　// 117
　　政策驱动的定价　// 117
　　技术的不确定性　// 119
　　环境效益的金融转化机制　// 121
　　市场结构的制度性摩擦　// 122
　　数据与技术重构定价　// 123

3. 数字资产的金融风险分析　　// 125
　　技术原生的风险因素　　// 126
　　算法支配的市场失序　　// 127
　　监管真空与制度套利　　// 128
　　金融基础设施的脆弱性　　// 130
　　市场心理与群体非理性　　// 131
　　系统性风险的跨界传导　　// 132

4. 数字资产的资产定价机制分析　　// 134
　　技术协议的价值　　// 134
　　市场微观结构的算法革命　　// 136
　　代币经济学的博弈均衡　　// 138
　　监管套利与制度博弈　　// 139
　　行为金融的链上映射　　// 141
　　跨维定价的未来挑战　　// 142

5. 文化资产的金融风险分析　　// 144
　　价值评估的认知困境　　// 144
　　流动性陷阱与市场畸形　　// 147
　　法律与伦理的灰色地带　　// 148
　　技术赋能的双刃剑　　// 149
　　系统性风险的跨界传染　　// 151

第 1 章
引　言

在当今时代，金融市场已经扩展到了前所未有的广度和深度。随着比特币的哈希算力超过了全球银行系统的结算效率，气候债券的发行规模突破了万亿美元的关口，以及机器学习算法以纳秒级的速度重塑着价格发现机制，传统的金融理论框架开始面临前所未有的挑战和压力。在技术的颠覆、地缘政治的裂变、环境危机以及制度的重构等多重冲击下，全球市场呈现出高度非线性、强关联性以及极端不确定性的新特征。在这种背景下，金融风险管理与资产定价方法的核心问题已经发生了转变，从"如何优化模型参数"转变为"如何在范式迁移的过程中重建我们的认知坐标"，以适应这个不断变化和发展的金融市场。

1. 市场生态的颠覆性重构

21 世纪第三个 10 年的金融市场，正在经历三重根本性变革。第一重变革源于技术对金融基础设施的重塑。区块链技术不仅催生了去中心化金融的平行金融体系,更通过智能合约的自我执行特性,将法律契约转化为可编程代码。高频交易算法掌控着全球股票市场70%以上的流动性,其决策逻辑已超越人类认知的时间尺度。人工智能的介入则将认知推向更加深远的领域:从信用评级的动态预测到投资组合的实时优化,机器学习模型正在接管传统金融中介的核心职能。这种技术渗透的代价是新型系统性风险的滋生——2021年"GameStop事件"中散户投资者通过社交媒体平台形成的群体共识,在数日内击穿多家对冲基金的风险模型;2022年算法稳定币TerraUSD的崩盘,暴露出算法金融产品在反身性机制下的脆弱性。

第二重变革来自全球化的裂解与重组。新冠疫情引发的供应链危机,俄乌冲突导致的能源定价体系重构,中美博弈推动技术标准可能走向"双轨制"等,共同瓦解了后冷战时代形成的市场一体化假设。跨国公司的本地化生产策略推高了运营成本,主权财富基金的地缘配置调整可能会重塑资本流动方向,碳边境调节机制等政策工具更可能将气候议题异化为贸易竞争武器。在这种"碎片化全球化"的格局下,资产价格的波动不再单纯地反映企业基本面,而是嵌套着大国博弈、能源安全、技术主权的复合定价逻辑。美联储货币政策的外溢效应在加密资产市场引发了蝴蝶效应,离岸人民币债券的收益率曲线隐含了某些风险溢价,这种跨市场风险传导的复杂程度已突破传统宏观审慎监管的监测范围。

第三重变革由环境危机的紧迫性驱动。联合国政府间气候变化专门委员会的第六次评估报告确认,全球温升1.5℃的目标可能在2030年前被突破。这种生存性威胁正在重构金融市场的估值体系:石油巨头们的已探明储量从资产变为负债，碳中和债券的发行溢价包含气候政策转折点的期权价值，农业保险产品的定价模型中也被迫纳入极端天气事件的非线性概率。2023 年欧洲百年一遇的热浪导致莱茵河航运中断，直接使化工类股票市值的 20% 蒸发，证明环境风险已从尾部事件转化为持续性定价因子。与此同时，生物多样性减少、海洋酸化等新型生态风险的金融化尝试，正在将自然资本定价的难题推向理论前沿。

2. 风险管理范式的失效与新生

传统风险管理工具箱在应对新市场环境时频繁暴露出结构性缺陷。在风险识别层面，基于历史波动率的在险价值模型无法捕捉"黑天鹅事件"的连锁反应。2020 年 WTI 原油期货价格跌至负值，2021 年美国长期国债市场的流动性冻结，2023 年瑞士信贷 AT1 债券瞬时清零，这些极端事件的发生概率在正态分布假设下几乎为零，却在新市场环境中频繁出现。压力测试方法虽引入极端情景分析，但气候变化的技术路径分歧、地缘冲突的升级阈值、数字货币监管的政策模糊性，使情景参数的设定愈发依赖主观判断而非客观规律。

在风险计量维度，线性关联假设与市场现实严重脱节。新冠疫情防控期间，美股波动率指数与黄金价格的正相关性突然逆转；美联储加息周期中，加密货币与传统风险资产从避险替代品变为同步波动品；在能源危机期间，ESG 投资组合遭遇超额收益反转。这些非线性关联现象挑战着协方差矩阵的稳定性。更严峻的是，去中心化金融协议的可组合性创造了风险传导新路径——一个借贷平台的智能合约漏洞可能通过资产桥接协议引发跨链流动性危机，这种链式反应的速度与范围远超传统金融市场的风险传染模式。

在风险应对策略上，静态对冲工具难以匹配动态演化的风险图谱。气候转型风险的长期性（如煤电资产未来 30 年的搁浅成本）与数字资产价格的秒级波动形成治理时差；地缘政治风险的不可保性（如近年来我国半导体供应链稳定性受到冲击）与微观主体风险承受能力的有限性构成根本矛盾；算法同质化交易引发的流动性黑洞（如 2022 年英镑闪崩事件）暴露出现有熔断机制的滞后性。这些矛盾迫使风险管理从防御性策略转向适应性策略：气候情景分析需要融合地球系统模型的最新成果，地缘风险对冲依赖于多智能体博弈模拟，流动性管理必须考虑算法交易者的行为模式。

3. 资产定价理论的认知革命

资本资产定价模型（Capital Asset Pricing Model，CAPM）的统治地位在新市场环境中遭遇根本性挑战。首先，风险因子的多维扩展颠覆单因子逻辑。Fama–French 五因子模型在解释科技股估值时频繁失效：数据资产的无形性、平台经济的网络效应、研发投入的期权价值等新经济特征无法被传统因子捕获。数字货币市场更是彻底脱离了传统定价框架：比特币的收益率分布呈现显著的厚尾特征，其与黄金、股票的动态相关性随监管政策剧烈摆动，去中心化交易所的流动性池机制使买卖价差函数完全异化。

其次，非理性行为的定价权持续上升。行为金融学揭示的认知偏差不再是市场噪声，而是价格形成的核心要素。NFT 市场①的狂热（如 Bored Ape 游艇俱乐部地板价半年内上涨 100 倍）、迷因股的群体性投机（如 GameStop 市值一度超过标普 500 成分股中位数）、散户投资者通过期权市场实施的杠杆逼空（如 2023 年 AMC 院线期权未平仓合约激增），这些现象证明了非基本面因素正在系统性地影响资产估值。当社交媒体情绪指数成为量化基金的 Alpha 因子，当 Reddit②论坛预测股价走势的准确率超过分析师评级时，传统有效市场假说的理论基础就出现了裂缝。

最后，负外部性的内部化改变价值源泉。碳定价机制的全球推广（如欧盟碳价突破 100 欧元/吨）迫使企业将环境成本纳入折现模型，生物多样性信用（如雨林碳汇项目）的证券化尝试赋予生态服务金融价值，人权尽职调查立法（如德国供应链法案）推高合规成本，这些变化使资产定价必须同时处理财务回报与社会成本、私人收益与公共损失的复杂平衡。可再生能源项目的估值不再依赖于单一电价预测，还需计算碳信用收入、极端天气导致的运营中断成本、政策补贴退坡风险等多重因子，这种多维定价需求正在催生新一代 ESG 因子资产定价模型。

---

① NFT 市场，即非同质性代币（Non-Fungible Token，NFT）市场，是一个以数字艺术和独立资产交易为主的以太坊协议下的去中心化虚拟市场。

② Reddit，是一个社交新闻网站。

4. 方法论革新的十字路口

面对新市场环境的挑战,金融理论与实务界都站在范式转换的临界点上。一方面,复杂系统理论为理解市场突变提供了新工具:网络科学揭示金融机构的关联性并非均匀分布,而是遵循幂律法则——少数系统重要性节点的失效可能引发全网性崩溃,这为宏观审慎监管提供了拓扑学视角。基于主体的建模技术通过模拟异质交易者的互动,成功再现了流动性螺旋、资产泡沫等非线性现象,为压力测试注入了动态演化思维。

另一方面,数据科学的突破开启分析新维度。卫星图像与自然语言处理技术将另类数据转化为 Alpha 因子来源:工厂屋顶光伏板面积的增加预示新能源企业产能的扩张,海运集装箱的 AIS 信号映射全球贸易景气度,央行政策声明的情绪分析预测了利率路径转折点。量子计算在组合优化、蒙特卡洛模拟等领域的潜在优势,可能会在未来十年内将风险管理带入超算时代。

然而,技术赋能的另一面是新的认知困境。机器学习模型的"黑箱"特性与金融监管的可解释性要求存在根本冲突,区块链的不可篡改性与法律救济的灵活性难以兼容,气候模型的长期预测与商业决策的短期导向产生时态错配,这些矛盾警示我们:金融工具的创新必须与治理能力的提升同步进化,否则技术跃进可能会放大系统性风险。

当气候变化从科学预测变为现实威胁,当数字货币从边缘实验跃升为万亿美元资产类别,当人工智能从辅助工具升级为决策主体,金融风险管理和资产定价方法正经历着自布雷顿森林体系瓦解以来最深刻的范式重构。这场重构不仅是模型与技术的升级，更是对金融本质的重新叩问——在效率与稳定、私利与公益、人类智能与机器决策的永恒张力中，如何构建适应21世纪的金融新秩序，答案或许藏在地球系统科学与金融工程的交叉地带，在分布式账本与央行数字货币的融合实验中，在每一个试图平衡风险与机遇的定价决策里。

第 2 章
文献综述

1. 金融风险度量和管理的研究概述

消费者决策理论

在投资学领域,消费者决策理论是一个核心议题,主要研究的是如何在金融资产的价值评估、收益的不确定性以及收益概率分布的基础上,构建一个理想化的决策研究框架。经济学家对个人决策问题的关注可以追溯到 200 多年以前,到了 20 世纪 40 年代,消费者决策理论被正式提出,在这一理论的发展过程中,冯·诺依曼(Von Neumann)与摩根斯顿(Morgenstern)在 1944 年提出了一个具有里程碑意义的理论——风险选择的效用理论。根据效用理论,效用被定义为从消费行为中获得的相对满足感,而投资者的目标是追求效用的最大化,这与之前研究中强调的价值最大化有所不同。这篇论文是现代风险决策理论研究的起点,阐述了投资者效用的量化特性。首先,投资者对任意两个资产组合都具有明确的偏好，这意味着在给定两个资产组合 X 和 Y 的情况下，投资者只会表现出以下三种偏好中的一种：偏好 X、偏好 Y，或者对 X 和 Y 无差异。其次，效用偏好应当满足传递性原则，即如果投资者相对于资产组合 B 更偏好于资产组合 A，同时，相对于资产组合 C 更偏好于资产组合 B，那么他必然相对于资产组合 C 更偏好于资产组合 A。最后，效用函数应当是连续的，这表明如果投资者相对于资产组合 C 更偏好于资产组合 A，也相对于 C 更偏好于资产组合 B，A 和 B 的任意投资组合应优于 C。

冯·诺依曼和摩根斯顿提出的决策理论中，一个核心的假设是关于理性经济人的概念。这个假设认为，理性经济人具备三个基本特性。第一个特性是这个经济人拥有对所处环境的全面了解，这意味着他不仅清楚自己可以采取的所有行动，而且对每个行动可能带来的所有结果都有所了解。第二个特性是经济人是完全自利的，他总是寻求自身利益的最大化，因此，在任何交易中，他都不会轻易放弃任何东西给对手。第三个特性是完全理性，即理性经济人能够随时对信息进行分析，并作出最优的决策。除了这些，效用理论还包含了一个关于风险态度的重要假设，即风险规避：在预期收益相同的情况下，投资者通常会偏好那些结果更加确定的投资决策，而不是选择那些风险更高的投资机会。在效用函数的几何表示中，投资者的效用函数呈现出凹形，这反映了随着财富的增加，每增加一单位财富所带来的边际效用是递减的。

随机优势理论

投资者的偏好和效用函数各不相同，尽管他们都被认为是风险规避者，但要将效用理论应用于整个市场的决策却很复杂。因此，之后的研究者根据资产收益率的分布构建了若干种排序方法,来克服效用理论在应用上的困境。其中,随机优势理论是最复杂但最常用的理论之一。随机优势理论最初是在统计学中用于对随机变量进行排序的理论方法。在过去的 50 年中,它已成为经济学和金融学各个领域的基本排序规则。Quirk 和 Saposnik（1962）首次将其应用于决策理论,他们认为投资者在选择投资组合时希望获得最大的预期效用,因此预期效用较高的投资组合比预期效用较低的投资组合更受青睐。在决策理论的假设条件下,论文证明了一阶随机占优（FSD）的排序和效用最大化的排序可以得到完全相同的结果。随机优势理论及其在经济学和金融学中的许多理论和实证扩展都是在 20 世纪 60 年代后期发展起来的。Hadar 和 Russell（1969）以及 Hanoch 和 Levy（1969）基于单调递增的凸形效用函数推导出的二阶随机占优（SSD）排序和效用最大化的排序可以得到完全相同的结果。在这些随机优势理论被确立后,Whitmore（1970）提出了三阶随机占优（TSD）排序方法,之后,Whitmore（1989）又将随机占优排序规则扩展到了 n 阶。在所有阶数的随机占优排序规则中,SSD 是最常用的规则,因为单调递增的凹形效用函数是一个比较容易被接受的假设。此外,Hadar 和 Russell（1969）证明了以下观点:如果所有投资者都是风险规避者,则 SSD 排序规则是冯·诺依曼和摩根斯顿期望效用排序规则的充分必要条件。基于 SSD 排序规则,许多研究得出了 SSD 投资组合选择模型。Kuosmanen（2004,2007）以及 Luedtke（2008）提出了一种在 SSD 规则下比较目标投资组合与内生选择的基准投资组合的方法。Post（2003）提出了几种随机占优排序效率的实证检验方法。结果表明,相对于 SSD 基准投资组合,Fama – French 规模和价值因子投资组合的效率明显偏低。Dentcheva 和 Ruszczyński（2003,2006）

提出了离散联合收益率分布的 SSD 优化方法，并展示了其与效用优化的关系。Krokhmal（2007）、Kopa 和 Chovanec（2008）以及 Fabian 和 Veszprémi（2008）提出了针对高阶矩的一致性风险度量方法（如条件在险价值）的 SSD 效率测试，并确定这些风险度量在 SSD 框架下表现得非常出色。Lozano 和 Gutiérrez（2008）将数据包络分析与 SSD 规则相结合，证明 SSD 有效投资组合是任何理性风险规避投资者的最优基准。进一步，研究者们还探讨了随机优势理论在不同市场环境下的适用性，以及如何在实际投资决策中应用这些排序规则。例如，一些学者研究了在市场波动性增强的情况下，如何调整投资组合以保持随机优势。还有研究指出，在某些特定市场条件下，更高阶的随机占优规则可能比传统的 SSD 更合适。这些研究不仅丰富了随机优势理论的内涵，也为投资者提供了更加多样化的决策工具。

然而，将随机占优排序规则应用于投资组合理论时，会遇到两个固有的问题。首先，这种方法需要对两个资产收益分布的所有观测值进行详尽的比较，这个过程非常复杂且耗时。它要求分析师或决策者必须仔细审视每一个可能的收益组合，以确定哪一个在统计上更优。其次，另一个问题更为严重，即随机占优排序规则虽然能够在两个投资组合之间进行排序，并确定哪一个可以产生更高的效用值，但是它存在一个根本的局限性，那就是随机占优排序规则并不能直接告诉我们哪一个投资组合是最优的。换言之，即使我们能够确定一个投资组合在随机占优的意义上优于另一个，但这并不意味着它就是所有可能投资组合中的最佳选择。因此，尽管随机占优排序规则在某些情况下给我们提供了一个有用的决策工具，但它并不能完全解决投资组合选择的问题，投资者和分析师仍然需要依赖其他方法或标准来确定最终的最优投资组合。

均值-方差理论

在金融理论的发展历程中,基于预期效用理论和理性经济人假设,马科维茨(Harry Markowitz)在1952年首次提出了具有里程碑意义的均值-方差(Mean-Variance,MV)理论,并于1956年和1959年对该理论进行了系统深化与完善。为了构建一种易于操作的投资组合优化方法,马科维茨又提出了一个关键的假设,即证券收益在长期内呈对称分布。基于这一假设,投资者的效用函数可以被简化为一个二次函数,这使问题的处理变得更加直观和可行。他进一步运用MV准则来研究单期投资组合选择问题,这一准则随后成为现代金融投资组合理论中运用最为广泛的决策工具之一。马科维茨的方法是通过计算所有可能收益率的加权平均值来量化投资组合的预期收益,同时使用收益率的方差来衡量投资组合的长期风险。通过这种方式,传统的收益与风险之间的权衡问题被转化为MV权衡问题。在这一理论框架下,理性经济人会倾向于选择那些加权平均收益率较高且方差较小的投资组合,以此来最大化其效用值。MV投资组合选择将投资者的总财富分配到多种资产中,实现风险与收益的最优权衡。这些资产既包括风险资产,也包括无风险资产。根据MV标准,风险规避型的投资者可以通过选择在给定预期收益率下具有最小方差的投资组合,或者在给定方差下具有最大预期收益率的投资组合,来构建其最优风险投资组合。在马科维茨的理论框架中,当预期收益固定时,具有最小方差的投资组合被称为最小方差资产组合。所有这些最小方差资产组合(按收益和方差排列)构成的曲线被称为最小方差边界。如果一个投资组合的预期收益高于全局最小投资组合(即最小方差边界的上部),并且在相同风险水平下提供最大的预期收益,那么这个投资组合就被认为是有效的。通常,我们称最小方差和最大预期收益水平的组合为有效前沿。此外,如果市场中存在无风险资产,根据双基金分离定理,最优投资组合可以由无风险资产与有效边界上的切线投资组合组合而成。从无风险资产到有效边界的这条切线被称为资本市场线(Capital Market Line,CML)。

马科维茨的 MV 理论为投资决策问题提供了一个简洁而有效的解决方案,因此该理论在投资组合配置领域中被广泛采用。与随机优势理论相比,MV 理论仅需要两个关键参数——均值和方差——就能对各种证券进行有效的排序和评估。此外,通过选择具有最高平均收益或最低方差的投资组合,投资者可以构建出最优的投资组合配置方案。在 MV 理论的研究框架中,风险分散效应扮演着至关重要的角色。这意味着,如果投资者持有的投资组合中包含了那些并非完全正相关的证券,那么投资者所承担的总体风险将会小于这些证券各自风险的加权平均值。进一步来说,随着投资组合中证券之间相关性的降低,风险分散的效果也会相应地增强。理论上,如果证券之间完全负相关,投资者可以构建一个零风险的投资组合。基于 MV 理论的研究框架,研究者们又提出了一些替代的风险度量方法。例如,Sharpe(1966)提出了夏普比率,这是一种利用投资组合单位标准差的预期超额收益率(即预期收益率减去无风险收益率)来衡量投资组合表现的方法,该方法将投资组合的表现与一定风险水平下的超额收益率联系起来。而 Sortino 和 Price(1994)则提出了索提诺比率,这个比率将夏普比率的分母替换为投资组合收益低于投资组合预期收益时的标准差,从而更加关注投资者对价格下行风险的厌恶程度。

然而，随着时间的推移，众多研究结果揭示了 MV 理论的局限性。其中，最为关键的批评之一是，投资者并非总是完全理性的，这导致他们在考虑投资组合的收益率时，可能会超出方差这一风险度量之外，关注其他的风险特征。换句话说，对于决策者而言，马科维茨提出的关于证券收益率对称分布的假设，是存在偏见的，特别是在较短的时间框架内。越来越多的实证证据显示，投资收益率的高阶矩在投资组合配置和资产估值中扮演着至关重要的角色。自 Berger 和 Mandelbrot（1963）以及 Fama（1963）的研究开始，大量实证结果已经表明，资产收益和投资组合收益的分布实际上是偏离正态分布的。Fang 和 Lai（1997）的研究发现，投资者愿意放弃一部分预期的超额收益，以换取系统偏度的增加，他们希望通过更高的预期收益来获得补偿，以应对系统峰度带来的风险。Christie–David 和 Chaudhry（2001）的研究指出，三阶矩和四阶矩能够很好地解释期货市场中收益的产生过程。Smith（2007）的研究发现，相比于金融市场下行，投资者在金融市场上行的环境中更关心收益的偏度。Hung（2007）的研究表明，在解释美国和英国市场投资组合回报的横截面变化时，偏度和峰度具有显著的作用。Moreno 和 Rodríguez（2009）的研究发现，在共同基金评估中，加入偏度因子在统计上显著地增强了模型的解释力。Yang、Zhou 和 Wang（2010）提供的基于时间序列的证据表明，在美国的股票和债券市场中，条件协偏度会带来显著的负向风险溢价。You 和 Daigler（2010）认为，在国际股票估值中，偏度也具有显著的作用。

均值–方差理论的改进

为了回应学术界和投资界对马科维茨投资组合理论所提出的批评意

见，研究人员努力探索并提出了多种新的风险度量方法。这些新方法旨在对原有的投资组合风险评估体系进行修正，从而更准确地反映收益与风险之间的权衡关系。在马科维茨的理论中，风险是通过投资组合的方差或标准差来量化的。在给定预期收益水平的情况下，那些倾向于规避风险的投资者往往会选择标准差最小的投资组合，以期达到风险最小化的目标。在马科维茨理论的基础上，一种名为在险价值（Value at Risk，VaR）的风险度量方法逐渐成为业界广泛接受和使用的工具。VaR方法的提出，开启了一个全新的研究领域，它强调了利用参数风险度量来管理投资组合的下行风险，其核心目的是要回答一个简单而直接的问题：在特定的累积概率水平下，投资者可能遭受的最大损失是多少。与马科维茨MV理论不同的是，VaR方法更加专注于风险本身，而不是试图解释收益与风险之间的复杂关系。VaR的测量因其直观性和无须依赖复杂模型的特性而受到青睐。然而，传统的VaR测量方法存在一个明显的缺陷，那就是它不能精确地捕捉到投资组合的极端尾部风险。鉴于此，研究人员和实践者们提出了多种改进的VaR测量方法，以期解决这一问题。例如，Li（1999）提出了一种新的方法，该方法引入了高维收益矩阵的概念，研究结果表明，这种新方法相较于传统的VaR方法，在捕捉极端尾部风险方面表现更为出色。此外，Favre和Galeano（2002）也提出了一种新的条件VaR方法，该方法特别考虑了凸性和一致性，从而在风险度量上提供了更为全面和一致的视角。

Artzner、Delbaen、Eber和Heath（1997）提出了一种连贯的风险度量方法，这一方法在风险度量领域具有划时代的意义。他们认为，除非满足四个基本公理，否则风险度量的函数就无法被任意指定。首先，他们提出了单调风险结构的公理，这个公理表明，风险水平越高，预期损失越大。其次，他们提出了同质风险的公理，这个公理保证了特定股票的风险水平不会因为购买数量的不同而有所改变。再次，他们提出了无风险交易不变性的公理，这个公理意味着投资无风险资产不会带来任何损失。最后，也是最为关键的一条公理，即风险的次加性，这个公理确保了在考虑多样化效应时，风险度量能够保持一致性。基于这四个公理，他们指出，在险价值（VaR）并不是一种连贯的风险度量方法。因此，一些研究者开始开发修正的在险价值度量方法，以包含连贯风险度量的属性。Artzner、Delbaen、Eber 和 Heath（1997）以及 Embrechts、Resnick 和 Samorodnitsky（1999）共同开发了一种条件在险价值（CVaR）方法。这种方法衡量的是平均超额损失，符合一致性的理念。Artzner、Delbaen、Eber、Heath 和 Ku（2002）对多年期风险管理进行了深入研究，并开发了一种跨期尾部风险值（TVaR）方法。Inoue（2003）提出了最差条件期望值在险价值（WCE-VaR）方法，并将 Artzner、Delbaen、Eber 和 Heath（1997）提出的一致性风险度量公理扩展到了一般概率空间，进一步丰富了风险度量的理论和实践。

行为金融学对投资组合理论的影响

在现代金融学领域，行为金融学的地位日益凸显，其重要性不容忽视。丹尼尔·卡尼曼（Daniel Kahneman）因其在不确定性条件下对人类判断和决策过程的深刻洞察而于 2002 年获得诺贝尔经济学奖。同样，理查德·塞勒（Richard H. Thaler）也因其在行为金融理论方面的杰出贡献，获得了 2017 年的诺贝尔经济学奖。行为金融学的核心观点是，投资者的行为往往偏离理性，这与传统预期效用理论中假设的理性经济人模型形成了鲜明对比，进而与随机优势理论和均值方差理论产生了冲突。塞勒指出，投资者对股票历史表现的反应往往过于极端，特别是股票市场比较低迷的时候，这种过度反应更会导致股票价格的不正常调整。Bondt 和 Thaler（1985）的研究表明，投资者对意外事件的过度反应倾向会对股票价格产生显著影响，导致股票在经历极端的涨跌之后出现价格反转现象。Bondt 和 Thaler（1987）通过更多的实证研究进一步支持了先前的结论，并且指出过度反应效应的主要来源并非规模效应。Lakonishok、Shleifer 和 Vishny（1994）提出，价值策略之所以能够获得较高的预期收益，是因为它补偿了投资者的次优行为，而非基于基本面风险。Daniel、Hirshleifer 和 Subrahmanyam（1998）将投资者的过度自信和自我归因偏差引入证券定价模型中。他们认为，投资者对私人信息准确性的过度自信可能导致长期的价格逆转，而偏颇的自我归因则可能导致短期的价格动量。Barberis 和 Shleifer（2003）提出，投资者可能会将风险资产划分为不同的风格，并且只关注这些风格的整体表现，尽管同一风格的资产之间存在较高的相关性。此外，Hong、Kubik 和 Stein（2005）发现，即便是专业的共同基金经理，在评估股票时也会倾向于使用简化的模式，例如，他们可能会不自觉地购买与本地区其他基金经理相同的股票。

前景理论是金融学领域中一个极为关键的理论，它主要关注的是投资者在决策过程中所表现出的行为偏差。Kahneman 和 Tversky（1979）提出了前景理论。他们指出，传统的风险选择的效用理论并不能完全准确地解释投资者在实际决策中的行为，为此，他们引入了"确定性效应"这一概念，用于解释投资者在面对小概率事件时往往倾向于低估其可能性，而在面对大概率事件时往往倾向于高估其可能性的现象。投资者这种行为倾向导致了一个有趣的现象：在涉及潜在收益的选择时，投资者往往表现出风险规避的态度，而在可能遭受损失的情境中，他们却倾向于对高风险的偏爱。此外，前景理论还通过"孤立效应"解释了投资者在决策时舍弃所有前景中共有的成分，从而出现了偏好上不一致性的现象。为了对传统的效用理论进行修正，Kahneman 和 Tversky 提出了一个新的价值函数理论，该理论建议用决策权重来替代效用理论中的概率权重。这个价值函数对于正收益表现出凸性，对于负收益则表现出凹性，并且对损失的敏感度要高于对收益的敏感度。自从前景理论的原创论文发表之后，Arkes 和 Blumer（1985）进一步指出，投资者之所以会持续持有亏损的证券，很大程度上是因为他们已经投入了资金，这与前景理论中关于风险偏好的描述是一致的。Tversky 和 Kahneman（1986）也指出，投资者在做决策时更多地是基于财富的变化，而不是最终的财富状态。Budescu 和 Weiss（1987）对价值函数的形状进行了实证检验，发现超过 75% 的观察结果支持价值函数的形状。然而，前景理论也遭遇了来自不同研究者的质疑和反对。Hershey 和 Schoemaker（1980）提出，前景理论中的反思效应，即风险规避与风险偏好的对比，在跨个体和个体内部层面上并不具有普遍性，他们认为价值函数的形状可能并非一成不变。Brockner（1992）提出，自我辩护并不能充分解释前景理论无法解释连续行动的原因。Casey（1994）认为，最高购买价格和选择之间的比较并不支持前景理论中的隔离因素。

与前景理论中所描述的损失厌恶现象形成鲜明对比的是，Kumar（2009）揭示了人们在面对潜在收益时所表现出的非理性行为，其中详细阐述了个人投资者往往倾向于选择那些具有彩票特征的证券，这种倾向在经济条件较差、受教育程度较低、居住在城市地区以及信仰天主教的投资者中表现得尤为明显。进一步地，Barber、Lee、Liu 和 Odean

（2008）为 Kumar 的研究提供了实证支持，研究结果表明，个人投资者由于过于激进的交易行为，导致个人总收入的损失高达 2.8%。此外，Bali、Cakici 和 Whitelaw（2011）通过投资组合层面和公司层面的横截面分析表明，类似彩票的证券往往能够带来极高的回报率。Fong（2013）则采用了标度方法来研究情绪对类彩票证券收益的影响，得出的结论是，彩票股票之谜背后的原因可能只能通过异常的风险偏好和情绪交易来解释。最后，Eraker 和 Ready（2015）发现，场外交易（OTC）股票的平均收益率通常为极负值，他们认为这种负收益溢价现象可以通过投资者对潜在收益的偏好来解释。

2. 资产定价模型和机制研究

资产定价模型

对资产定价的理论研究可以追溯至 20 世纪 60 年代。在这一时期，基于马科维茨提出的均值－方差投资组合理论，两位著名的经济学家，威廉·夏普（William F. Sharpe）和林特尔（John V. Lintner）分别于 1964 年和 1965 年独立提出了资本资产定价模型。CAPM 的核心思想是利用单一的市场收益率因素来评估风险资产的价值，并传达了一个关键的概念，即证券的定价应当能够使预期收益补偿投资者所承担的预期风险。从前文我们已经了解到，投资者所面临的风险可以通过分散投资的策略来降低，因此，在资产定价模型中，我们只需要对那些无法通过分散投资来消除的风险进行补偿。换言之，投资者在投资过程中会遇到两种类型的风险：系统性风险和特异性风险。特异性风险指的是那些可以通过增加投资组合的规模来消除的风险部分，它与市场的整体变动无关；系统性风险则与市场的整体变动紧密相关，无法通过投资组合的多样化来消除。在 CAPM 中，只有当单个证券的系统性风险增加时，其预期收益才会相应增加，这与只有系统性风险才能获得补偿的观点是完全一致的。夏普和林特尔在他们的研究中，使用了单个证券收益率与市场投资组合收益率之间的协方差来估算两种证券之间的共动性。因此，在 CAPM 中，贝塔系数是通过将该协方差除以市场回报的方差得出的，它反映了单个证券的系统性风险水平。此外，由于个股的预期收益率与贝塔系数之间存在线性关系，因此会形成一条直线来描述这种线性关系，这条直线被称作证券市场线（SML）。证券市场线的斜率代表了市场投资组合的预期收益率，其截距则代表了无风险利率。

对 CAPM 的批评

由于均值-方差理论无法解释金融市场的非理性活动，CAPM 面临一些挑战和质疑。因为基于 CAPM 的实证结果与现实情况并不一致，所以许多学者都对其提出了批评和质疑。例如，Friend 和 Blume（1970），Jensen、Black 和 Scholes（1972），Fama 和 MacBeth（1973）以及 Blume 和 Friend（1973）认为，证券市场线应该具有较高的截距和较低的斜率。Reinganum（1981），Stambaugh（1982），Lakonishok 和 Shapiro（1986）以及 Fama 和 French（1992）使用早期样本期数据对 CAPM 进行了深入研究，结果表明，普通股的平均收益率与贝塔值之间的关系比之前的经验结果更加平缓，这与 CAPM 的预期有所出入。Kothari、Shanken 和 Sloan（1995）进一步指出，CAPM 中所观察到的微弱关系可能只是偶然的结果,而非模型本身所固有的特性。这些研究和观点揭示了 CAPM 在解释和预测金融市场行为方面的局限性,也促使学者们寻求更加完善的资产定价模型。

还有一些批评意见指出,除了 CAPM 中考虑的变量之外,还有其他因素对资产的预期收益具有显著的解释力。Basu(1977)揭示了一个有趣的现象,即那些收益价格比较高的普通股的实际收益往往超出了 CAPM 所预测的水平。Rosenberg、Reid 和 Lanstein(1985)进一步扩展了这一研究,他们发现当股票按照账面市值比(B/M)进行排序时,那些账面市值比较高的股票在未来一段时间内的回报率往往高于 CAPM 中贝塔系数所能解释的回报率。Banz(1981),认为小型股票的平均回报率通常会高于 CAPM 的预测值。Bhandari(1988)则强调了财务杠杆的作用,他认为那些财务杠杆较高的股票,其平均回报率往往高于市场对这些股票的预期投注值。此外,Jegadeesh 和 Titman(1993)提出了动量效应的概念,他们认为在过去 3 至 12 个月内表现良好的股票,在接下来的几个月内往往能够保持其良好的表现,而那些表现不佳的股票则很可能继续其负面的表现。

改进资产定价模型

鉴于 CAPM 存在的问题很大程度上是由 MV 投资组合理论的严格假设条件所导致的,众多学者和研究人员致力于开发更加精细和复杂的 CAPM,旨在摒弃传统 CAPM 中那些不符合现实情况的假设。Merton(1973)提出了一个具有里程碑意义的模型,即跨期资本资产定价模型(Intertemporal Capital Asset Pricing Model,ICAPM)。ICAPM 在 CAPM 的基础上进行了大幅度扩展,不仅要求投资者关注在特定时点的投资组合收益，还必须考虑消费决策与投资决策之间的相互作用，以及对未来收益的预期。通过这种多维度的考量，ICAPM 将资产定价的研究框架从传统的单期模型转变为一个更为全面和动态的多期研究范式。

另外，在资产定价领域，还有一个重要的改进方向，就是将更多的因子纳入定价模型中。这类研究通常采用多因子模型来考虑其他变量对资产价格的影响，这与实证研究的发现是相吻合的。在这一领域，Fama - French 三因子模型被认为是对传统资本资产定价模型的一个重要且有效的改进。Fama 和 French（1993，1996）提出了一个包含规模效应和价值效应的三因子模型。他们的研究结果揭示了一个重要的现象，即小公司股票的收益率往往高于大公司股票的收益率，同时，高账面市值比（B/M）即价值型股票的收益率通常会超过低账面市值比即成长型股票的收益率。在三因子模型中，SMB（Small Minus Big）因子，即小公司股票与大公司股票之间的收益率差，被用来量化规模效应；而 HML（High Minus Low）因子，即高 B/M 比率股票与低 B/M 比率股票之间的收益率差，被用来量化价值效应。基于 Fama-French 三因子模型，Carhart（1997）进一步提出了一个四因子模型，该模型不仅包含了规模效应、价值效应，还加入了动量效应，揭示了股票收益的短期持续性。到了 2015 年，Fama 和 French 对其最初的模型进行了扩展，增加了两个新的因子，分别是盈利效应（Robust Minus Weak，RMW）和投资效应（Conservative Minus Aggressive，CMA）。他们的研究进一步证明，那些盈利效应和投资效应较高的公司，其股票平均收益率往往更高。这类研究的优势在于，由于多因子模型中的因子是基于实证检验得出的，故其实证研究的结果始终支持其资产定价模型。然而，由于这些模型缺乏坚实的理论基础，我们无法确定哪个模型是最终的、完备的模型。换句话说，总是有可能发现新的因素，能够显著地解释证券的预期收益。

此外，研究者们还通过考虑资产收益的高维矩阵来建立多因子资产定价模型，这始于 Kraus 和 Litzenberger（1976）的研究。他们从效用最大化问题出发，推导出一个双因素估值模型，并证明传统 CAPM 忽略的系统偏度在资产定价模型中是不可忽略的。在多因子资产定价模型中，资产回报溢价包括两部分：一是市场贝塔乘以预期财富水平与标准差之间的边际替代率；二是市场伽马乘以预期财富水平与偏度之间的边际替代率。Harvey 和 Siddique（2000）用预期市场回报率和预期市场回报率的平方作为两个因子来捕捉随机贴现因子（SDF）的变化。结果表明，即使考虑 Fama – French 规模因子和价值因子，偏度风险因子在资产定价模型的经济学解释中也是必不可少的。Dittmar（2002）使用三因子模型将 CAPM 扩展到四阶矩，增加了市场回报的立方作为额外的因子，从而将峰度和协峰度引入模型。然而，这些模型的一个重要假设是市场投资组合是有效的，这就确保了 SDF 可以很好地近似为市场投资组合收益率的多项式。Chabi – Yo、Leisen 和 Renault（2014）提出了无风险利率、市场投资组合和偏度投资组合的三基金分离定理，给出了市场平方投资组合的最优对冲，并支持 SDF 与二次型的市场收益率的相关性。虽然高阶矩资产定价有效用理论的理论支持，但不可能将所有高阶矩都纳入资产定价模型中。研究者们需要在模型的复杂性与实用性之间寻求平衡，以确保模型既能够捕捉到影响资产定价的关键因素，又不会因过于复杂而难以应用。

与前文所讨论的静态分析方法形成鲜明对比，Merton（1976）提出了一个关键性的假设，即基础股票收益率可以仅通过一个连续路径的随机过程来充分捕捉和描述。此外，他还进一步提出了一个更为一般化的情况，即资产收益率不仅受到连续过程的影响，还受到跳跃过程的影响。基于 Merton 提出的跳跃—扩散过程，Todorov 和 Bollerslev（2010），Bollerslev、Li 和 Todorov（2016），分别提出了一个新的理论框架，用于分解系统性风险。他们所提出的理论框架表明，与传统的连续贝塔相比，不连续贝塔能够带来更为显著的风险溢价。他们的研究结果揭示了一个重要的观点，即市场中的跳跃行为比连续的价格变动更能有效地反映真实的意外信息。因此，他们所提出的非连续贝塔相较于标准 CAPM 中的贝塔，能够更加准确地捕捉和反映系统性市场价格风险。

尽管该模型在某些方面具有一定的应用价值，但其局限性也非常明显。首先，该模型采用对数收益率来计算贝塔值，这一点在投资组合理论中存在争议，因为在投资组合理论中，对数收益率并不是可加的，这会导致投资组合的收益率并不等同于投资组合中各个证券收益率的简单加权平均值。然而，在传统 CAPM 中，收益率必须是可加的，这是模型的一个基本要求，因此在传统 CAPM 中，通常使用的是持有期收益率，而不是对数收益率。其次，根据 Merton（1976）提出的框架，对数收益率是正态分布的，基于这一假设，根据对数收益率计算出的 β 值也是对称的。但如果我们转而使用持有期收益率，根据传统 CAPM 理论，系统性风险中存在非对称成分，这种非对称性在金融市场和风险管理中扮演着极其重要的角色。Kim 和 Zumwalt（1979），以及 Chen（1982）都指出牛市和熊市中的证券行为是截然不同的，他们通过使用上涨市场和下跌市场投资者的风险偏好的差别来量化这种不对称性，研究结果表明，投资者通常愿意为上涨风险支付溢价，并且期望在收益下跌时获得风险溢价。Ang 和 Chen（2002）的研究进一步揭示，美股与市场之间的相关性在市场下行时比在市场上涨时更为显著。此外，Campbell 和 Vuolteenaho（2004）提出了一个包含好贝塔和坏贝塔的模型，他们认为，坏的现金流贝塔相较于好的贴现率贝塔具有更高的风险。这些研究和观点都强调了在使用模型时需要考虑的局限性和潜在风险。

第 3 章
金融风险度量和管理

1. 经典投资组合理论

20 世纪 50 年代以前，投资领域缺乏系统性理论指导，投资者多依赖直觉和经验进行决策。1952 年，马科维茨发表《投资组合选择》一文，首次将数学建模引入金融学，标志着现代投资组合理论的诞生。这一理论革命性地提出风险与收益的量化关系，奠定了资产配置的数学基础，并成为后续资本资产定价模型、套利定价理论等一系列理论的基石。

现代投资组合理论的基本假设

（1）理性投资者假设

理性投资者假设基于效用最大化的决策逻辑，将所有投资者视为完全理性的个体。这些个体的行为遵循几个核心原则：首先是效用最大化原则，这意味着投资者在做出投资决策时，会以预期效用作为主要的参考依据，通过精确的计算来选择最优的投资组合；其次是信息处理能力，即投资者能够无偏见地获取并分析所有可用的市场信息，从而形成一致的收益预期；最后是偏好一致性，即投资者对于不同投资组合的偏好关系是具有传递性的，也就是说，如果投资者认为投资组合 A 优于投资组合 B，同时投资组合 B 又优于投资组合 C，那么根据这一原则，投资者认为投资组合 A 必然优于投资组合 C。理性投资者假设的理论意义在于，它允许模型采用期望效用函数和概率分布来进行数学推导，从而形成一个标准化的决策框架。然而，这一假设与行为金融学的研究结果存在矛盾之处。行为金融学理论指出，投资者常常受到各种认知偏差的影响，如过度自信、损失厌恶等，这些偏差会导致投资者的决策偏离理性。Kahneman 和 Tversky（1979）就提出了这样的观点。例如，散户投资者往往出现过度交易的行为，这实际上违背了效用最大化原则，因为频繁买卖股票可能会导致交易成本的增加，从而减少投资的净收益。

（2）风险回避假设

根据风险与收益之间的权衡机制，可以认为所有投资者都具有风险厌恶的倾向。在经典的现代投资组合理论中，风险通常通过资产收益率的方差或标准差来进行量化。基于这一理论，风险厌恶的投资者会寻求额外的收益作为承担风险的补偿。这一假设是构建有效前沿的基础，它表明投资者在选择投资组合时，会倾向于那些在风险调整后能够提供最高收益的组合。然而，这一假设也存在局限性，因为实证研究中发现了某些市场现象，如所谓的"低波动异象"（Ang et al.，2006），表明在实际市场中，低风险的资产有时能够获得超出预期的超额收益，这与风险补偿理论所预测的结果并不一致。

（3）市场有效性假设

在经典投资组合理论中，隐含了一个重要的前提，即半强式有效市场假设。这个假设包含了几个关键的方面：首先，它认为资产的价格能够充分反映所有可以获取的公开信息，这些信息包括历史数据、财务报表等，因此，投资者通过分析这些公开信息是无法持续获得超额收益的；其次，这个假设还指出，未来资产价格的变动仅由新的信息所驱动，这些新信息的出现是不可预测的，因此价格变动呈现出随机性；最后，市场有效性还保证了历史收益率和协方差矩阵能够被可靠地估计，从而预测未来风险和收益的特征。然而，现实中的证据往往与这个假设有所偏离，市场中经常会出现一些定价异常现象，例如首次公开募股（IPO）时的抑价现象、动量效应等，这些都表明市场价格并不总是能够准确反映所有信息。此外，高频交易的兴起以及内幕信息的利用，也对市场的完全有效性提出了挑战。

（4）无摩擦市场假设

在经典投资组合理论中，研究者们构建了一个理想化的交易环境，这个假设忽略了现实市场中普遍存在的各种摩擦因素。具体来说，无摩擦市场假设包括了几个关键点：首先，它假定交易成本为零，这意味着投资者在买卖资产时无须支付任何佣金、税费或承担价差成本；其次，它假定市场具有无限的流动性，即投资者可以不受限制地在任何时间以市场价格买卖任意数量的资产，而不会产生任何市场冲击成本；最后，它还假定不存在对卖空的限制，也就是说，投资者可以无限制地进行卖空操作,且无须满足任何保证金要求。这种无摩擦市场假设在模型构建上具有简化问题的价值,因为它排除了摩擦因素,使优化问题变得可解,并且便于我们专注于风险与收益之间的本质关系。然而,在现实世界中,交易成本的存在可能会导致有效前沿的下移,而市场流动性的不足则可能引发所谓的"流动性溢价"(Amihud & Mendelson,1986)。例如,在 2008 年全球金融危机期间,公司债券市场的流动性几乎完全枯竭,这使传统的现代投资组合理论(MPT)模型在预测和评估投资组合的表现时严重失效,因为该模型未能考虑到流动性风险对投资组合价值的潜在影响。

(5)风险的数学简化假设

经典投资组合理论中隐含了两个重要的统计假设,这两个假设在理论的数学推导中起到了至关重要的作用。首先,它假设资产的收益率遵循正态分布,这意味着收益率的分布是对称的,且尾部风险可以忽略不计。其次,该理论认为投资者在做决策时,只关注资产收益率的均值与方差,而高阶矩,如偏度和峰度,对决策过程没有影响,或者说,投资者的效用函数可以简化为二次型。这种假设极大地简化了数学上的推导过程,因为在正态分布的假设下,协方差矩阵能够完全描述风险,而均值–方差优化等同于期望效用的最大化。然而,现实世界中的资产收益往往呈现出与正态分布假设不符的特点。例如,Mandelbrot(1963)指出,金融资产收益往往具有尖峰厚尾的特性,这意味着极端事件发生的概率比正态分布预测的要高。以比特币为例,其单日涨跌幅超过 10% 的情况远比正态分布所预测的要频繁。此外,投资者在面对市场暴跌时,对风险的敏感度往往高于理论模型所假设的水平。投资者对所谓的左尾风险，即资产价格暴跌的风险，表现出更高的关注度和敏感性。这些现实中的观察结果提示我们，经典投资组合理论中的简化假设在实际应用中可能需要重新审视和调整，以便更好地理解和管理投资风险。

现代投资组合理论的核心内容

现代投资组合理论的第一个核心内容便是均值-方差模型。1952年，马科维茨在《投资组合选择》中首次将投资问题转化为数学优化模型。这一突破的关键在于用两个统计量——预期收益率的均值和收益率的方差——分别量化投资的收益与风险。假设一个投资组合包含 n 种资产，第 i 种资产的权重为 w_i，预期收益率为 $E(R_i)$，方差为 σ_i^2，不同资产间的协方差为 σ_{ij}，则投资组合的预期收益率 $E(R_p)$ 和风险 σ_p^2 可表示为：

$$E(R_p) = \sum_{i=1}^{n} w_i E(R_i) \qquad (3-1)$$

$$\sigma_p^2 = \sum_{i=1}^{n} \sum_{j=1}^{n} w_i w_j \sigma_{ij} \qquad (3-2)$$

这一模型的革命性在于它否定了传统投资中只追求最高收益的朴素逻辑，转而强调风险调整后的收益最大化。例如，若股票 A 的预期收益率为 10% 但波动率达 20%，债券 B 的收益率为 5% 但波动率仅为 5%，当两者相关系数为负时，组合的整体风险可能显著低于单一持有股票 A 的风险。马科维茨的贡献不仅在于公式本身，更在于揭示了投资决策的本质是多维优化问题。投资者需在无数可能的权重组合中，筛选出满足特定风险收益特征的解集。这一思想直接催生了计算机在金融领域的早期应用——20 世纪 50 年代，美国兰德公司使用当时最先进的 IBM 计算机求解马科维茨模型，开创了量化投资的先河。

然而，均值－方差模型依赖于严格的假设：收益率服从正态分布，投资者仅关注均值和方差，市场无摩擦等。现实中，这些假设常被打破。例如，1987 年美股"黑色星期一"单日暴跌 22.6%，远超正态分布预测的极值概率；2008 年金融危机期间，资产间的相关性急剧上升，导致模型预测失效。这些现象促使学界发展出更复杂的风险度量方法（如 CVaR），但均值－方差模型至今仍是大多数机构投资者的基础工具。

现代投资组合理论的第二个核心内容是有效前沿。通过求解均值－方差模型，所有可能的投资组合在风险—收益坐标系中形成一个区域，其左上边界被称为有效前沿。这条曲线上的每个点都代表一个"无法被改进"的组合：在相同风险水平下具有最高收益，或在相同收益水平下承担最低风险。有效前沿的形状由资产间的相关性决定。假设两类资产完全正相关（相关系数为 1），前沿退化为直线；若完全负相关（相关系数为 -1），前沿呈现折线形态，甚至存在零风险组合。现实中多数资产介于两者之间，形成平滑的抛物线形曲线。以经典的 60/40 股债组合为例，当股票与债券的相关系数从 0.5 降至 -0.2 时，前沿曲线会明显向左上方移动，意味着相同风险下可获取更高收益。

有效前沿的实践意义在于为投资者提供理性决策的边界。任何位于前沿下方的组合都被视为"无效"——总能在前沿上找到风险更低或收益更高的替代方案。以美国养老基金为例，20 世纪 90 年代行业普遍采用股票主导策略，但 2000 年互联网泡沫破裂后，许多基金发现其实际组合远低于有效前沿,直接推动行业向更科学的资产配置方法转型。桥水基金的"全天候策略"正是通过引入通胀挂钩债券、大宗商品等低相关性资产,将有效前沿向左扩展,从而在不增加风险的前提下提高收益。

然而,有效前沿的构建高度依赖于输入参数的准确性。预期收益率和协方差矩阵的估计误差会被优化过程放大,导致"垃圾进、垃圾出"现象。2009 年,美国加州公务员退休基金曾因错误预测房地产相关性,配置了大量商业房地产抵押贷款证券,最终在次贷危机中损失近百亿美元。这一教训促使业界发展出 Black – Litterman 模型,通过融合市场均衡收益与主观观点来修正参数偏差。

现代投资组合理论的第三个核心内容便是分散化原理。分散化原理的精髓可以概括为"不要把所有鸡蛋都放在一个篮子里",但其数学内涵远比直觉深刻。根据组合方差公式:

$$\sigma_p^2 = \sum_{i=1}^{n} w_i^2 \sigma_i^2 + \sum_{i=1}^{n} \sum_{j \neq i}^{n} w_i w_j \sigma_{ij} \qquad (3-3)$$

当资产数量 n 增加时,公式右侧第一项(各资产方差加权和)以 $1/n$ 的速度衰减,第二项(协方差和)则趋于平均协方差。这意味着非系统性风险可通过分散化消除,而系统性风险则无法规避。实证研究表明,当组合包含 20~30 只不同行业股票时,非系统性风险可降低约80%。分散化的力量来自资产间的低相关性。1973 年第一次石油危机期间,能源股与航空股呈现显著负相关:原油价格上涨推高能源公司利润,却导致航空公司成本激增,持有两类股票的投资者因此对冲了部分风险。挪威主权财富基金正是这一原理的典范——其投资组合覆盖全球

9000多家公司的股票、债券及房地产，地理上横跨76个国家，行业涵盖从科技到公用事业的多元领域，这种极致的分散化使挪威主权财富基金在2008年金融危机中的损失远低于同业。

但分散化并非万能。2008年，曾被视作低相关的资产类别（如公司债与股票）突然同步暴跌，这种现象被称为"相关性断裂"。量化基金巨头长期资本管理公司（LTCM）崩溃的部分原因是过度依赖历史相关性模型。现代风险管理因此强调压力测试与尾部风险对冲，例如使用期权保护组合应对极端下跌风险。此外，分散化可能带来收益稀释——过度分散的组合可能近似市场指数，丧失超额收益机会。巴菲特曾讽刺道："分散化是无知者的保护伞。"但这实为对被动投资的误解，真正科学的分散化应是主动选择低相关性优质资产的精妙平衡。

从马科维茨的"办公室计算"到今天的AI驱动量化系统，均值-方差模型、有效前沿与分散化原理始终是资产配置的底层逻辑。尽管这些理论面临市场异象、行为偏差和"黑天鹅事件"的挑战，但其核心思想——通过数学优化实现风险收益权衡——依然熠熠生辉。高盛资产管理部门的模拟数据显示，即使加入交易成本和流动性约束，经典现代投资组合理论框架仍能提供年化1.5%~2%的超额收益。未来的投资实践，必将是经典理论与现实复杂性的持续对话。当机器学习技术重新定义协方差矩阵的估计方法，当气候风险因子被纳入资产定价模型，当去中心化金融创造新的资产类别，分散化与有效前沿的内涵正在被重新书写。

2. 金融风险的种类和内涵

金融风险就像潜伏在资本市场深处的暗流，它既有可能摧毁历经百年建立起来的基业，也有可能催生出新的财富机遇。自从 17 世纪荷兰的"郁金香泡沫"破灭之后，人类对金融风险的认知已经从最初的混沌直觉，逐步发展到现在的精密量化。在当今的金融体系中，风险已经不再是简单的损失可能性，而是演变成了一种具有复杂传导机制、非线性特征以及多维影响的经济现象。因此，深入理解金融风险的本质及其分类，对金融机构来说，不仅是其生存的必修课，更是确保整个经济系统稳健运行的基石。

市场风险

市场风险的根源在于金融资产价格的不确定性波动，这种波动就像海洋中的潮汐一样，永无止境地变化着。股票、债券、商品、汇率、利率等基础资产的价格变动，通过市场这个庞大的传导网络，交织成一幅错综复杂的风险图谱。在 2008 年全球金融危机期间，美国房地产价格的下跌触发了抵押贷款证券价格的崩盘，这进一步导致了持有这些资产的投资银行、保险公司等金融机构的连锁破产，这正是市场风险系统性爆发的一个典型案例。市场风险的特殊性在于其不可消除性——只要存在市场交易，价格波动就必然存在。风险通过希腊字母体系被精确量化：Delta 衡量标的资产价格变动对衍生品价值的影响，Gamma 捕捉 Delta 自身的非线性变化，Vega 反映波动率风险，Theta 刻画时间价值的衰减。华尔街的交易员们每天都在密切地关注这些风险参数，并据此调整头寸——就像船长通过仪表盘监控海上风暴一样。近年来，气候风险作为一种新型的市场风险逐渐显现出来。例如，在2021年，美国得克萨斯州遭遇了极端寒冷的天气，导致了天然气价格的暴涨，涨幅达到了惊人的400%，这迫使多家能源交易商面临爆仓的风险，从而显示出自然环境因素正逐步成为市场风险的一个重要驱动因子。

信用风险

2008年9月15日，雷曼兄弟公司宣告破产，这一事件不仅震惊了整个金融市场，也暴露了信用风险的严重性。当时，雷曼兄弟公司涉及的6000亿美元信用违约互换合约就像一颗定时炸弹，一旦引爆，便能引发全球金融体系的连锁反应，形成一个可怕的"死亡螺旋"。这一事件深刻揭示了信用风险的本质——当交易对手方突然丧失履约能力时，可能会触发一系列的链式反应，对整个金融系统造成巨大冲击。传统上，信用风险管理依赖于所谓的"5C"原则，其中包括品格、能力、资本、担保和条件。然而，随着金融市场的不断发展和复杂化，现代金融领域已构建出了一种更为先进的三维模型，该模型由违约概率、违约损失率和风险敞口构成，能够更全面地评估和管理信用风险。

在信用评级领域，穆迪和标准普尔等评级机构一直扮演着金融市场信用标尺的角色。然而，2015年，标准普尔因在次贷危机中系统性地低估信用风险而被美国司法部罚款13亿美元，这一事件表明评级机构也会出现信用问题。信用风险的传染性在主权债务危机中表现得尤为明显。例如，2010年希腊债务危机通过欧洲银行体系迅速蔓延，最终演变成了一场欧元区生存危机。随着金融创新和科技的发展，新型的信用风险形态正在涌现。例如,加密货币交易所 FTX 的突然崩盘,导致用户资产无法提取,这本质上是数字时代的信用违约。此外,在供应链金融中,如果核心企业出现信用崩塌,可能会引发整个产业网络的流动性枯竭,这种风险同样不容忽视。

流动性风险

1998 年,美国长期资本管理公司的崩溃,给整个金融界上了一堂关于流动性风险的深刻课程。这家由诺贝尔经济学奖得主领导的对冲基金,由于俄罗斯国债违约事件导致了流动性危机,最终不得不依赖美联储的协调救助才得以避免彻底破产。流动性风险是一个复杂的问题,它主要包含两个方面:资产流动性风险和融资流动性风险。资产流动性风险指的是在需要时无法以合理的价格迅速将资产转换为现金,而融资流动性风险则体现在无法及时获得足够的资金来履行财务义务。时间来到 2007 年 8 月,法国巴黎银行宣布暂停旗下三只基金的赎回操作,这一事件触发了货币市场流动性冻结,成为次贷危机爆发的直接导火索。流动性风险的一个显著特点是它的自强化效应——资产的大量抛售会导致市场价格下跌,而价格的下跌又会引发更多的资产抛售,形成一个恶性循环,俗称"死亡螺旋"。在现代金融风险管理工具箱中,流动性覆盖率和净稳定资金比率是银行业流动性管理的两个核心指标。然而,2020 年 3 月,在新冠疫情的冲击下,即便是理论上流动性最强的美国国债市场,也出现了买卖价差扩大十倍的异常情况,这暴露了当前流动性风险管理框架的潜在脆弱性。在新兴的数字货币领域,Terra/Luna 算法稳定币的崩盘,本质上是流动性设计上的缺陷导致了系统性的挤兑现象。

操作风险

2012 年,摩根大通遭遇了"伦敦鲸"事件,最终导致高达 62 亿美元的巨额损失。这一事件深刻揭示了操作风险所具有的巨大破坏力。操作风险通常源于内部流程的缺陷、人为的错误或系统故障,这些风险往往潜伏在机构日常运营的阴影之中,不易被察觉。这种风险具有显著的厚尾特征,意味着那些看似小概率发生的事件,实际上可能会带来灾难性的后果。一个典型的例子是 2015 年瑞士央行突然取消瑞郎汇率上限,这一极端政策变动导致多家外汇经纪商瞬间破产,这本质上是由于未能预见极端政策风险而导致的操作失败。随着金融科技的快速发展,新型的操作风险也随之产生。例如,2016 年孟加拉国央行在美联储的账户遭受黑客攻击,导致 8100 万美元被盗取,这一事件暴露了网络安全领域存在的致命漏洞。到了 2021 年,Robinhood 因游戏驿站轧空事件而限制交易,这一行为不仅引发了监管调查,还导致了集体诉讼,这表明技术系统容量不足可能会转化为法律风险。巴塞尔协议要求银行必须计提操作风险资本,但真正有效的风险管理并不仅依赖于资本的计提,更需要将风险管理的理念和实践深入植入机构的文化基因之中。日本三菱 UFJ 摩根士丹利证券就曾因交易员误操作导致了 3.3 亿美元的损失,事后分析发现,其风险控制系统竟然允许单人绕过多重审核机制,这警示我们:即使是最先进的技术,也需要与人的行为模式相匹配,才能真正有效地防范操作风险。

法律与合规风险

2017 年,德意志银行因违反美国制裁令而被处以高达 6.3 亿美元的巨额罚款,这一事件再次为全球金融机构敲响了警钟:全球化经营的过程实际上是在各国法律体系的刀尖上进行着危险的舞蹈。法律风险不仅局限于合同条款中的漏洞或监管处罚,还涉及司法管辖权的冲突和潜在的法律冲突。以2020年瑞幸咖啡财务造假事件为例,该公司在中美两国都面临了追责,这一事件凸显了跨境监管的复杂性和挑战。合规风险作为法律风险的一个分支,在反洗钱、数据隐私保护、环境、社会和治理披露等领域持续升级,成为金融机构必须面对的严峻问题。由于汇丰银行在反洗钱方面存在漏洞,被美国司法部处以19亿美元的巨额罚款,这一事件直接促使其进行了战略转型。在数字货币领域,美国证券交易委员会对Ripple公司的诉讼已经持续了三年之久,核心争议在于XRP代币是否应该被视为一种证券。这种监管上的不确定性本身就是一种重大的风险源。法律风险的隐蔽性在于它可能长期潜伏,不易被发现。以2015年大众汽车"排放门"事件为例,该公司使用违法软件长达七年之久,直到事件爆发,最终导致了300亿欧元的巨大损失。

系统性风险

在2008年金融危机中,雷曼兄弟公司的破产触发了一系列连锁反应,这一事件深刻地将系统性风险的概念铭刻在了金融史的篇章之中。这种风险不再仅仅局限于单一的金融机构,而是反映了整个金融体系内部脆弱性的累积。系统性风险的传播具有非线性的特征,它类似于雪崩中的临界点效应——一旦某个关键的节点出现故障,整个网络结构可能会在一瞬间发生崩溃。美联储前主席伯南克曾用"金融加速器"理论来阐释这种风险的传导机制:资产价格的下跌会导致抵押品价值的缩水,进而引发信贷的收缩,这又会进一步导致经济衰退,而经济衰退又会反过来促使资产价格进一步下跌。为了有效地监测系统性风险，需要采取宏观审慎的视角，包括对金融机构间网络关联度的分析、对共同风险敞口的评估和对市场流动性分层的考量等。在 2021 年发生的 Archegos Capital 爆仓事件中，多家投资银行同时遭受了巨额损失，这一事件暴露出衍生品市场集中度风险的问题。与此同时，气候风险作为一种新兴的系统性风险，正在逐步改变金融领域的格局——根据 NGFS 的测算，如果全球平均气温上升 3℃，那么金融资产的价值可能会减值高达 13%。为了对抗系统性风险，人类社会已经采取了一系列制度创新，包括建立中央对手方清算所、常态化实施压力测试，以及对那些"大而不能倒"的机构设置特别处置机制等。

金融创新的车轮不断碾出新的风险景观，随着技术的快速发展和金融市场的不断演变，各种风险相继涌现且不断更迭。2010 年美股闪电崩盘事件中，算法交易风险首次引起了广泛关注，在这一事件中，道琼斯指数在短短 9 分钟内暴跌了惊人的 9%，而这一暴跌的背后，高频交易算法的集体抛售被认定为罪魁祸首。这一事件凸显了算法交易给金融市场带来的巨大风险。随着元宇宙概念的兴起，数字资产确权风险也逐渐浮出水面。在元宇宙金融中，如何确保数字资产的所有权和交易的合法性成为一个亟待解决的问题。同时，去中心化金融的兴起也带来了新的挑战，智能合约漏洞风险成为一个不容忽视的问题。智能合约作为去中心化金融的核心，其安全性直接影响金融系统的稳定。央行数字货币的推出，虽然带来了诸多便利，但也带来了隐私与安全风险。如何在保护用户隐私的同时确保交易的安全性，是央行数字货币面临的一个重大挑战。行为风险作为心理学与金融学的交叉领域，正在获得新的关注。散户投资者的非理性交易行为可能会加剧市场的波动性，而基金经理的过度自信也可能导致风险的积聚，这些行为风险对金融市场的影响越来越大。地缘政治风险在俄乌冲突中展现出了惊人的能量，国际资金清算系统（SWIFT）制裁导致俄罗斯股市单日暴跌33%，卢布汇率几乎腰斩，这不仅对俄罗斯经济产生了巨大影响，也对全球大宗商品供应链进行了重构。地缘政治风险的不确定性，给全球金融市场带来了新的挑战。

3. 金融风险形成和风险传播

金融风险的形成与传播过程，与自然界中的风暴相似，表面上看似平静的市场环境，实际上隐藏着复杂的能量转换和动态机制。这个过程既遵循着基本的经济规律，又因为参与其中的各个主体的行为异化，而呈现出独特的运行轨迹和动态变化。现代金融体系在提高资源配置效率的同时，也构建起一个错综复杂的风险传导网络。原本只是局部市场的微小扰动，有可能演变成一场波及整个系统的危机。这种风险形态的转化，不仅取决于金融工具本身的属性和特性，更与市场参与者的行为模式、制度设计的激励方向，以及监管框架的适应性和有效性密切相关。

风险孕育的微观机理

在金融市场的运行中，信息不对称是一个无法规避的天然缺陷，它就像一层厚重的迷雾，使交易双方难以清晰地看到彼此的真实情况。资金的需求方，也就是借款人，往往对自己的偿付能力拥有绝对的信息优势，这种信息上的垄断地位导致了逆向选择和道德风险这两个问题的出现。逆向选择是指在市场中，由于信息的不对称，那些风险较高、信用较差的借款人更有可能获得贷款，因为他们愿意提供更高的利率来吸引贷款人，这种行为最终会将那些风险较低、信用较好的借款人挤出市场，从而形成所谓的"柠檬市场[①]"效应。道德风险是指借款人在获得资金后，由于知道贷款人无法完全监督其资金使用情况，可能会采取更高风险的投资策略，因为如果投资成功，他们将获得高额回报，而如果失败，损失则由贷款人承担。债务合约中的刚性兑付特征，即合约规定必须按时足额偿还本金和利息，进一步加剧了借款人的风险转移动机，使他们更倾向于选择那些高风险高收益的投资项目。

在金融市场中，市场参与者的行为偏差往往为风险的积累提供了心理上的温床。例如，锚定效应会导致投资者在作出投资决策时过度依赖历史价格，将其作为判断未来价格走势的重要依据，这种依赖性往往忽视了市场环境和基本面的变化。此外，羊群效应的存在使投资者在市场中盲目跟风，从而催生了一系列非理性的投资热潮，这些热潮往往与公司的实际价值严重脱节。同时，处置效应使投资者在面对亏损时倾向于持有亏损的股票，而在盈利时则急于卖出，这种行为导致了风险敞口在时间维度上的不断累积。这些行为金融学的特征与传统金融理论中的理性人假设形成了鲜明的对比，它们构成了市场价格偏离公司基本面的持续动力。当市场情绪从过度乐观的状态突然转向恐慌时，这种集体非理性行为将成为风险释放的放大器，导致市场出现剧烈波动。

[①] 柠檬市场，也称次品市场，是指信息不对称的市场。

金融创新的双刃剑效应在风险形成的过程中尤为显著。它既带来了积极的影响，也带来了潜在的危险。资产证券化技术通过风险分层，创造出了看似安全的投资品，但这种做法实际上模糊了底层资产的真实风险属性。衍生品市场的几何级数扩张构建起一个庞大的虚拟经济体系，其规模往往远超基础资产的实际价值。这种金融"炼金术"在提高市场流动性的同时，也埋下了风险定价失灵的隐患。当市场波动突破模型预设的参数时，那些看似精心设计的风险对冲策略可能瞬间失效，导致不可预测的后果。

风险扩散的传导网络

资产负债表传染是金融体系中最直接的危机传导通道。当市场中特定资产的价格出现剧烈波动时，那些持有这些同类资产的金融机构会面临资本减记的压力，这迫使它们不得不抛售其他资产，以保持资本充足率。这种去杠杆化的操作会引发资产价格的全面下跌，从而形成一个损失传染—抛售变现—价格下跌的恶性循环。此外，机构间的同业业务往来以及交叉持股的复杂关系，进一步强化了这种传染效应。因此，原本可能只是局部的流动性危机，会迅速演变为全局性的偿付危机，对整个金融体系的稳定性构成严重威胁。

市场预期的逆转往往携带着自我实现的破坏力，这种力量能够对金融市场产生深远的影响。投资者的信心可以说是维系金融大厦稳定的黏合剂，信心一旦发生动摇，市场参与者的集体行动就会加速风险的现实化进程。当预期管理失效时，风险溢价会以非线性的方式急剧攀升，信用利差也会迅速扩大，这将导致正常的融资渠道被迫中断。这种预期的坍塌，具有显著的多米诺骨牌效应，即使市场的基本面并未发生实质性的恶化，市场恐慌情绪仍能独立引发系统性的危机。

流动性螺旋的概念在金融领域中被广泛认为是风险扩散的加速器。在市场常态下，资产的流动性通常被视为一个外生给定的参数，即一个不受市场参与者行为影响的固定值。然而，在危机情境中，流动性本身却变成了一个内生变量，这意味着流动性会受到市场参与者行为的影响。当金融机构面临赎回压力时，它们往往会采取资产抛售的策略来应对，这会消耗市场深度，即市场吸纳大量资产而不引起价格剧烈波动的能力。随着市场深度的减少，资产的变现能力也会随之降低，这将进一步引发更严重的流动性短缺。这种动态过程实际上使整个金融体系陷入一个恶性循环，即越抛售越缺乏流动性的困境。最终，这种困境可能会导致市场交易功能的完全冻结，市场参与者无法进行有效的买卖交易，整个市场陷入停滞状态。

风险演化的系统特征

金融网络的结构脆弱性主要源于其复杂的拓扑特征。核心金融机构在这样的网络中扮演着超级节点的角色，它们通过数以万计的交易关系与其他节点紧密相连。这种小世界网络特性虽然在很大程度上提升了整个系统的效率，但同时也为风险的传播创造了捷径。一旦个别节点失效，这种影响可能会通过度中心性、介数中心性等网络指标定义的传导路径，迅速波及整个系统。此外，网络结构的动态演化特性进一步增加了风险预测的难度，因为这要求我们不仅要关注当前的网络状态，还要能够预测和适应网络结构未来可能产生的变化。

监管套利行为持续不断地重塑着风险分布的格局。表外业务、跨境金融、影子银行等本质上是风险规避策略的产物。这些监管空白地带，实际上成了风险滋生的温床。监管资本与经济资本的背离，导致了风险承担与收益获取的主体错配，形成了风险社会化、收益私有化的扭曲激励。这种制度性套利空间的存在，使风险始终在监管边界处积累，不断地寻找机会，以求在监管的边缘地带获得利益。

宏观审慎监管的缺失在很大程度上助长了金融体系中的顺周期性风险。传统的微观审慎监管主要关注单个金融机构的稳健性，然而，这种监管方式却忽略了系统性风险的集体涌现特征。资本监管的风险敏感性设计、公允价值会计准则的顺周期效应，以及信用评级机构的同质化倾向，这三者共同构成了一个正反馈的放大机制。这种制度设计上的合成谬误，导致金融体系在经济上行期过度扩张，在经济下行期剧烈收缩。

金融风险的演化史本质上是人类认知局限与制度缺陷的映射。从历史的长河中可以清晰地看到，每一次金融危机的爆发，都在以一种独特的方式重塑着风险的形态，无论风险如何演变，它本身从未真正地消失过。在当今这个数字化浪潮不断重塑金融业态的时代，风险形成机制正与算法黑箱、跨境数据流、加密资产等新兴要素深度融合。这些新要素的出现，无疑给风险的识别和管理带来了新的挑战。

理解风险的本质，并不是为了彻底消除市场中的波动和不确定性，因为波动本身就是市场经济的一部分。相反，理解风险的目的是在效率与稳定之间找到一个动态的平衡点。这需要我们对监管范式进行深刻的反思与改革。监管机构必须从过去被动的响应模式，转向更加主动的适应模式，以更具前瞻性的视角来应对风险。同时，监管还需要在保持市场活力和创新精神的同时，筑牢风险防线，确保金融体系能够有效地发挥经济发展稳定器的作用，而不是成为引发经济震荡的源头。

4. 金融风险预测和防范

众所周知，经典投资组合理论通过对效用函数或资产收益分布的假设（经典的投资组合理论和 CAPM 假设所有投资者的效用函数为二次函数或资产的收益分布为正态分布），提供了一种将决策过程与效用最大化的复杂问题简化的解决方案。几十年来，该假设一直饱受争议，为了解决该假设对实证研究的解释难题，学者们提出了其他的风险衡量方法。其中，随机优势理论并不限制效用函数和收益分布的类别，而是根据资产收益函数的整体概率密度分布推导出资产优劣的排序，因此在投资决策过程中能得到更为准确的资产表现排序。但随机优势理论也存在着局限性，Levy（2015）指出当问题是对单一资产或政策的偏好时，随机优势理论在应用经济学和金融学中表现良好，但在最优投资组合选择中，随机优势理论表现不佳，因为投资者必须搜索所有可能的资产组合才能找到最优投资组合。

其他对于经典投资组合理论改进的模型，如均值—基尼法（Yitzhaki，1982；Shalit 和 Yitzhaki，1984）和均值—下偏矩模型（Bawa 和 Lindenberg，1977；Price 和 Nantell，1982；Harlow 和 Rao，1989）试图通过将随机优势决策方法转化为简单的双参数框架来解决随机优势理论在寻找最优投资组合中的问题。然而，均值—基尼框架和均值—下偏矩框架得到的有效投资组合与随机优势理论得到的有效投资组合依旧相差甚远。因此，如果不对资产收益的概率分布做进一步的限制，这些方法对于解决基于随机优势理论的效用最大化问题仍然是不可靠的。然而，近半个世纪以来，还没有一种正式的优化方法能构建出与随机优势理论完全相同的有效投资组合，从而发展出分离定理和资产定价定理。

交换方差和风险不对称性

在未对投资者的效用函数和资产收益的分布做任何限制的前提下，本书采用效用函数 $U(R)$ 的泰勒级数来展示风险厌恶的投资者的预期效用与投资风险之间的关系：

$$E[U(R)] = U(\mu) + a \cdot SwV \qquad (3-4)$$

其中 SwV 为交换方差，它等于持有期收益率和其相应的对数收益率经均值调整后的两倍预期差，即 $SwV = 2E(R-r) - 2d\mu$。对于所有的风险回避投资者而言，a 为非正数。因此，公式（3-4）表明了一种新的收益 - 风险分析框架：收益 - 交换方差分析方法。在该框架下，更高的预期收益和更小的交换方法能带来更大的预期效用。

我们用以下的例子来比较收益 - 方差分析方法、收益 - 交换方差分析方法和二阶随机占优分析方法之间的关系。假设 R_1 和 R_2 两种金融资产的收益率呈对数正态分布，分别为 $r_1 \sim N(0.1, 0.22)$ 和 $r_2 \sim N(-0.15, 0.24)$。显然，基于二阶随机占优分析方法，R_1 优于 R_2。如果投资者知道收益分布的具体形式，就可以在 R_1 和 R_2 之间建立多空仓位，获得投资收益。但是如果投资者并不清楚收益的具体分布情况，采用收益 - 方差分析方法和收益 - 交换方差分析方法来进行投资决策的比较结果如表 3-1 所示。

表 3-1

	金融资产 1（R_1）		金融资产 2（R_2）
μ	0.132	>	-0.114
σ^2	0.0636	>	0.0465
SwV	0.0484	<	0.0576
二阶随机占优	$\int_{-1}^{R}\frac{1}{2}+\frac{1}{2}erf[\frac{\ln(1+t)-0.1}{0.22\sqrt{2}}]dt$ ①	<	$\int_{-1}^{R}\frac{1}{2}+\frac{1}{2}erf[\frac{\ln(1+t)+0.15}{0.24\sqrt{2}}]dt$

根据收益-方差分析方法（$\sigma_1^2 > \sigma_2^2$ 和 $\mu_1 > \mu_2$），R_1 和 R_2 之间没有确定的优劣之分。然而，根据二阶随机占优排序和收益-交换方差分析方法（$\mu_1 > \mu_2$，$SwV_1 < SwV_2$），R_1 明确地优于 R_2。这个例子突出了传统的收益-方差分析方法的一个重大问题，即如果风险资产的收益分布不对称，那么收益-方差分析方法确定的许多有效资产或投资组合实际上是无效的。此外，收益-交换方差分析方法在此情况下，可以在方便计算的同时，提供无偏的结果。

连续风险和非连续风险

根据 Jiang 和 Oomen（2008）对收益跳跃扩散过程的分析方法，金融资产的交换方差还能进一步被拆解为两个部分，即连续风险和非连续风险：

$$2E(R-r) = 2\int_0^1\left(\frac{dS_t}{S_t} - d\ln S_t\right) = V_{(0,1)} + 2\int_0^1(J_t - \ln(1+J_t))dq_t$$

(3-5)

公式（3-5）中 $V_{(0,1)}$ 表示金融资产的连续风险，我们通常用传统

---

① erf（·）是误差函数，在其整个定义域内单调递增。

的方差来衡量。而 $\int_0^1 (J_t - \ln(1 + J_t)) \mathrm{d}q_t$ 表示因金融资产价格的突然变化而产生的非连续风险。如果我们进一步分析交换方差的泰勒级数,就能发现:

$$SwV = \left(\frac{\sigma}{1+\mu}\right)^2 + \sum_{k=3}^{\infty} (-1)^k \left(\frac{2}{k}\right) \frac{\mathcal{M}^k}{(1+\mu)^k} \qquad (3-6)$$

公式 (3-6) 中 $\left(\frac{\sigma}{1+\mu}\right)^2$ 对应了用方差衡量的连续风险,而 $\sum_{k=3}^{\infty} (-1)^k \left(\frac{2}{k}\right) \frac{\mathcal{M}^k}{(1+\mu)^k}$ 是投资收益的高阶矩的线性组合,对应了突跃性的非连续风险。

在深入探讨和分析连续风险与非连续风险的特征时,我们注意到这种风险度量方法展现出两个显著的优点。首先,它在金融风险持续性测度标准中,体现了平移不变性、凸性和次可加性这三个重要特性。平移不变性意味着风险度量在投资组合的收益或损失平移时保持不变,这有助于确保风险评估的一致性。凸性则表明,当投资组合的规模增加时,其风险的增加速度会逐渐减缓,这反映了分散投资的益处。次可加性进一步强化了这一点,它意味着组合投资的风险小于单个资产风险之和,这体现了多样化投资组合的优越性。其次,在非连续风险的分析中,高阶矩的符号揭示了投资者对投资收益的不同偏好。具体来说,偶数阶矩的系数为正,表明投资者倾向于厌恶投资收益的波动性,尤其是当收益的波动性较大时。相反,奇数阶矩的系数为负,这反映了投资者对于投资收益的不对称性,即他们对正收益的波动性持欢迎态度,而对负收益的波动性则持相反看法。这种对偶数阶矩和奇数阶矩的不同态度,揭示了投资者在面对潜在收益时的风险偏好和风险厌恶的复杂心理。

金融风险的防范

在构建一个高效的风险防范体系时,其效能的高低很大程度上取决于该体系对金融生态系统的模拟精度。与自然界中的免疫系统通过模式识别受体来区分自我组织与外来入侵者,进而通过一系列复杂的多层防御机制来实现对病原体的精准打击类似,金融风险防范体系也需要建立一套能够识别风险特征的分子标记,并设计出差异化的响应机制来应对各种潜在的金融风险。微观审慎监管专注于对个体金融机构的稳健性进行评估,这好比是在检测单个细胞是否有病变的迹象;而宏观审慎政策则着眼于整个金融系统中的重要节点以及潜在的传染通道,类似于在控制炎症反应时对扩散路径的管理;行为监管则针对市场参与者的非理性波动,这可以类比为调节神经递质的平衡,以维持整个系统的稳定。这种多层次的防御体系能否有效运作,关键在于各层级监管信号的精准传递以及各层级之间的协同响应。

制度弹性已经成为风险防范领域的一种新范式。在传统监管框架中,人们追求的是规则的完备性,试图通过详尽的清单式管控来消除所有潜在的风险隐患。然而,这种刚性的监管方式在一定程度上抑制了创新的活力,同时催生了更为复杂的监管套利行为。与之相对,现代风险防范体系开始转向以原则为导向的弹性设计。在核心领域设定了不可逾越的底线标准,而在边缘地带则保留了一定的试错空间。通过动态准备金制度、逆周期资本缓冲、前瞻性压力测试等工具的应用,展现出以弹性对抗不确定性的治理智慧。随着监管科技的不断发展,实时监测与自适应调节已经成为可能,这使风险防范从周期性的运动升级为一个连续性的过程。

在当前的金融市场中,市场自律机制的重构已经成为构建防范体系的关键组成部分。监管力量虽然能够提供外部约束,但这种约束存在天然的边界限制。为了实现真正可持续的风险防控,必须激发市场内部的稳定机制。透明度革命利用分布式账本技术,使交易信息不可篡改,从而大大提高了市场的透明度。与此同时,信用评级体系的重构引入了机器学习技术,实现了对信用状况的实时动态评估,这不仅提高了评级的准确性,也增强了市场的风险识别能力。此外,做市商制度的优化设计,通过激励措施鼓励流动性供给的逆周期调节,从而在市场波动时提供必要的流动性支持。这些创新性的措施试图在市场中植入自我修复的基因,使风险防范机制从被动地抵御风险转变为积极主动的进化过程。在完善的信息环境和合理的激励约束机制下,市场主体的逐利行为会自然而然地产生风险对冲的效果。这正是防范机制设计的精妙之处,它通过市场自身的力量,实现了风险的自我控制和管理。

数字孪生技术为风险治理领域带来了全新的维度和视角。通过在虚拟空间中构建金融系统的镜像模型,监管者能够实时模拟并观察政策干预对市场可能产生的各种反应,从而预判潜在的风险传导路径。这种在平行系统中进行的压力测试,摆脱了现实世界的限制,使探索在极端情景下金融系统的潜在行为成为可能。智能合约的自动执行特性,进一步增强了风险防控的效率,它允许将风险防控规则转化为可执行的代码逻辑,确保在交易达成的那一刻,合规审查与风险对冲能够即时完成。此外,区块链技术所创造的共治账本,为风险责任的追溯提供了新的可能,记账过程不再依赖于中心化的权威机构,而是通过分布式共识机制,实现了历史记录的可验证性和过程的可追溯性。这些技术的聚合与融合,正在形成一个全新的治理生态,它不仅重塑了风险管理的时空边界,还为金融系统的稳定性和透明度提供了前所未有的保障。

随着复杂性科学的引入,人们对传统防控思维的理解发生了根本性转变。在金融网络分析领域,研究不再仅仅关注传统的资产负债表关联,而是进一步扩展到了信息流、控制流以及风险流的多维度观测。这种立体化的观测方式,使我们能够更全面地理解金融系统的运作机制。在系统重要性评估方面,研究者们已经从单纯关注机构规模的大小,转向了更加深入的网络拓扑特征分析。通过这种分析,可以更准确地识别出系统中的关键节点和潜在的脆弱环节。此外,传染路径的识别也采用了更为先进的渗流理论与级联失效模型,这使我们能够更好地理解和预测风险的传播路径和影响范围。这种跨学科的视角不仅能帮助监管者识别出因连接过于紧密而无法承受失败风险的新型风险源,还能够设计出更为精准和有效的靶向性干预措施。基于主体的计算实验方法,通过在人工市场中模拟和测试不同的防范策略,可以观察这些策略在长期演化过程中的效果,从而为政策制定者提供有力的预见性支持,确保金融市场的稳定和健康发展。

5. 金融风险度量和投资决策

在现代金融体系的运行中,金融风险度量与投资决策之间的互动构成了其核心逻辑。历史上,威尼斯商人通过计算航海贸易中船只沉没的概率来评估风险,如今,华尔街的投行利用先进的机器学习技术来预测市场的波动性。我们可以看到,人类对风险的认知和驾驭能力一直是资本配置效率的关键决定因素。在这一永恒的博弈过程中,风险管理的智慧不断涌现，它不仅塑造了金融市场的运行规则，而且深刻地影响和改变了财富创造的路径选择。

风险度量的进化史，本质上是对不确定性进行数学驯化的过程。在金融活动的早期阶段，风险更多地表现为模糊的定性判断，商人们依靠经验法则估算贸易航线的沉船概率，或根据农作物收成的历史记录设定借贷利率。随着工业革命的到来，概率论与统计学的突破为风险量化提供了强大的数学工具，精算师开始用死亡率表量化寿险风险，用火灾发生频率计算财产保险费率。然而，真正意义上的变革发生在20世纪中叶，当马科维茨提出了均值－方差模型，将风险具象为收益率的方差，投资组合优化从此成为可计算的数学问题。这个看似简单的方差公式背后，实际上蕴含着对风险本质的深刻洞察：风险不是孤立存在的，而是资产间相互作用的网络效应。协方差矩阵的引入，使组合风险不再等于个别资产风险的简单线性叠加，而是呈现出复杂的非线性特征。这种认知上的突破催生了现代投资组合理论，将金融决策从经验主义推向了数理建模的新纪元。

风险度量技术的演进始终围绕着两个核心命题展开：一是如何准确刻画风险的概率分布；二是如何建立风险与收益之间的量化关系。在传统方法中，人们常常假设资产收益率服从正态分布，这种钟形曲线虽然在数学处理上非常方便，但它却低估了极端事件的发生概率。然而，在现实的金融市场中，资产收益往往呈现出尖峰厚尾的特征，这意味着极端涨跌出现的频率远高于正态分布的预测频率。这种分布特性催生了更为复杂的风险度量指标，如条件风险价值（CVaR），不再仅关注特定置信水平下的最大损失，而是计算超出阈值后的平均损失强度，从而更真实地反映尾部风险。高阶矩分析则将偏度和峰度纳入风险考量，通过构建四阶矩优化模型，使风险认知从传统的二维平面扩展到多维空间。在衍生品定价领域，波动率曲面的建模技术不断精进，通过分析不同行权价和期限的隐含波动率差异，市场参与者得以解码隐含在价格中的风险预期信息，从而更全面地理解和评估市场风险。

投资决策的核心是在风险与收益之间进行权衡，以寻找最佳的解决方案。这个过程的数学表述构成了现代金融理论的主要框架。均值－方差模型具有开创性意义，它将投资问题转化为一个凸优化问题，并通过应用拉格朗日乘数法来求解有效前沿。这种理论框架建立在假设投资者具有二次效用函数的基础上，从而使期望效用最大化与均值－方差优化等价。然而，在现实世界中，投资者行为常常与理性假设有所偏差，这种现象促使理论向更加普遍适用的方向发展。随机贴现因子理论提供了一个统一的分析框架，它将资产定价问题简化为未来现金流与随机贴现因子之间的协方差关系，这种抽象化的处理方法使不同类别资产的定价逻辑能够保持内在的一致性。在动态决策的层面上，连续时间金融模型引入伊藤引理和随机微分方程，将原本静态的资产配置问题扩展为跨期优化过程，投资者必须在时间的维度上权衡当前的消费与未来财富的增长。

在资产定价理论的领域内，风险与收益之间的量化关系得到了深入而系统的阐述。资本资产定价模型（CAPM）通过引入市场组合的概念，成功地将个别资产所面临的风险拆解为系统性风险和非系统性风险两个部分。该模型提出了一个核心观点，即风险溢价的存在仅是为了补偿投资者承担的系统性风险。这一理论上的突破不仅解释了分散化投资策略为何能够有效地消除非系统性风险，而且还确立了 β 系数作为衡量风险的行业标准。套利定价理论（APT）则在 CAPM 的基础上进一步放宽了某些严格的假设条件，它允许存在多个不同的风险因子，这些风险因子都可能对资产的收益产生影响。这一理论的发展为多因子模型的兴起提供了理论基础，从而使对资产定价的分析更加全面和细致。这些理论共同构成了风险定价的基准框架，为金融市场的资产定价提供了重要的理论支撑。然而，现实市场的复杂性往往超出了这些模型的假设范围。在实际应用中，不断有新的异象因子被发现，例如规模效应、价值效应、动量效应等，这些现象持续挑战着传统定价理论的解释能力。为了适应市场的新变化，理论模型不得不向更高维度的因子空间拓展，以期能够更好地解释和预测资产价格的变动。

在现代金融理论中，流动性风险的度量与管理占据着重要的位置，它被视为金融领域研究的前沿课题之一。传统的风险模型通常基于一个假设，即资产可以无摩擦地进行买卖交易。虽然这种理想化的设定在市场平稳时期为分析提供了便利，但它却忽视了在极端市场环境下可能出现的流动性枯竭风险。为了更准确地评估风险，流动性调整的风险价值（La_VaR）模型被提出，它试图将买卖价差、市场深度等流动性相关因素整合到风险评估中，从而构建出更为全面和多维的风险指标。此外，市场微观结构理论通过分析订单簿的动态变化来提取有关流动性的信息，通过测量价格冲击系数和交易持续时间等参数来量化流动性风险的实时变化情况。随着对流动性认知的不断深化，组合管理策略也必须考虑持有期内流动性可能发生的演变。特别是在市场波动性较高的情况下，资产的流动性溢价可能会出现剧烈的波动，这可能会导致传统的估值模型无法准确反映资产的真实价值而失效。

随着行为金融学的兴起，风险度量的理论基础得到了重塑。传统模型通常假设市场参与者是完全理性的，并且他们的行为是同质的。然而，在现实世界中，投资者往往表现出系统性的认知偏差。前景理论揭示了损失厌恶效应，这是一种心理现象，它导致投资者在面对潜在损失时的风险感知与面对同等规模潜在收益时的风险感知不对称。具体来说，投资者对损失的敏感度显著高于对收益的敏感度。这种心理机制意味着，传统风险度量指标可能低估了实际的风险敞口，因为投资者在市场下跌时可能会做出非理性的抛售决策，从而加剧价格波动。注意力驱动交易理论进一步解释了为何在某些情况下，资产会突然出现流动性聚集或消散。这种现象是注意力资源在市场参与者之间非均匀分布的结果，导致市场风险在时间和空间上呈现出异质性。为了将行为因素纳入风险模型，研究者需要构建一个包含情绪指标、信息传播速度、投资者异质性等参数在内的复杂系统。这样的系统对传统计量方法提出了严峻的挑战，要求我们研究出新的分析工具和方法来更准确地度量和管理风险。

随着机器学习技术的引入，我们正在目睹风险度量范式经历一场革命性的转变。受限于线性假设和低维数据处理能力的局限性，传统的计量模型往往难以准确捕捉金融市场中那些复杂的非线性关系。然而，深度学习算法的出现，特别是通过多层神经网络结构，已经能够自动提取市场数据中的高阶交互特征，从而识别出那些传统方法难以察觉的风险模式。此外，自然语言处理技术的进步，使我们能够实时解析新闻文本、社交媒体上的情绪变化以及监管文件中的关键信息，将这些原本非结构化的数据转化为具有实际意义的风险预警信号。强化学习算法的运用更是开创了动态风险管理的新纪元，通过与市场环境的持续交互，算法能够自主优化风险对冲策略。这些技术上的进步极大地拓展了风险度量的维度，为风险管理带来了前所未有的广度和深度。然而，随之而来的也是一系列新的挑战。模型可解释性的缺失可能会掩盖潜在的风险，算法同质化可能会带来系统性共振的风险，而数据过拟合的问题则可能导致模型在样本外的环境中表现不佳，甚至恶化。

在投资领域，风险决策的终极目标是追求在充分考虑风险因素后，实现收益的最大化。为了实现这一目标，风险度量必须深度融入投资流程的每一个环节之中。在资产配置的初期阶段，风险平价策略扮演了至关重要的角色，它致力于通过均衡不同资产类别的风险贡献度，构建一个更为稳健和均衡的投资组合。在组合优化的过程中，鲁棒优化方法被引入，以应对在参数估计中可能出现的误差，通过最坏情况分析来增强策略的防御性，确保在各种可能的市场条件下都能保持较好的表现。至于绩效评估环节，夏普比率、索提诺比率等风险调整收益指标为投资者提供了统一的标尺，使他们能够对不同的投资策略进行比较和评估。这种将风险管理贯穿投资全流程的机制，使现代投资管理不再局限于简单的收益追逐，而是进化成为一种精细化的风险分配艺术，要求投资者在追求收益的同时，更加注重风险的识别、度量和控制。

在金融领域，理论模型的局限性始终与金融创新紧密相连，二者如影随形。随着时间的推移和实证研究的深入，有效市场假说这一曾经被广泛接受的理论，遭遇了诸多挑战。这些挑战揭示出在风险定价的过程中，信息不对称是一个长期且普遍存在的现象。此外，协方差矩阵的估计误差在进行组合优化时，往往会被放大至指数级别，从而导致所谓的"误差最大化"现象。动态风险模型在处理高维状态空间时面临维度灾难，因此在策略搜索过程中需要消耗巨大的计算资源。这些理论上的困境，不断推动着金融工程领域方法论的持续革新。从对贝叶斯方法进行改进，以更准确地估计参数，到利用复杂网络理论来解析系统性风险的传导路径，再到尝试使用量子计算技术来解决组合优化中的 NP 难题，金融工程正在多个前沿领域积极探索，寻求理论和实践上的突破。

在金融市场中，风险与收益之间的永恒博弈揭示了一个深刻的真理：风险不仅是市场存在的根基，而且是获取超额收益的关键来源。套利机会的出现，本质上是由于市场参与者对风险的认知存在差异，导致了资产定价上的偏差。正是这种认知差异，为投资策略的创新提供了土壤，促使投资者对风险因子进行重新解构和组合。因子投资理论正是将这种对风险因子的认知转化为一种系统化的投资策略，以期通过长期投资于价值、动量、质量等风险因子，获得相应的风险溢价。而风险中性定价理论则为衍生品市场的定价提供了坚实的基础，在这个理论中，通过数学上的测度变换，风险偏好被有效剥离，最终呈现的是一场纯粹的概率博弈。这种理论的抽象不仅具有美学上的价值，更在实际操作中为对冲策略的设计和实施提供了重要的指导。

展望未来，金融风险度量与投资决策的理论融合将呈现三大显著趋势。首先，跨学科交叉的深化将是一个重要方向，物理学中的复杂系统理论、心理学中的认知科学以及计算机科学中的人工智能技术将持续不断地为金融领域注入新的分析工具和方法论。这些跨学科的融合将极大地丰富和拓展金融风险度量与投资决策的理论框架。其次，实时化与前瞻性的增强将成为另一个关键趋势。随着大数据处理能力的飞速提升，风险监测将不再局限于历史数据的回溯分析，而是转向更加即时和前瞻性的预警系统。这种转变将使金融机构能够更快地识别和响应潜在的风险，从而在风险管理方面取得先机。最后，个性化与动态适应的进化标志着金融风险度量与投资决策理论的又一重要进展。投资者特定的风险偏好、负债结构以及行为特征将被更加精细和动态地建模，以适应不断变化的市场环境和投资者需求。这将有助于金融机构提供更加定制化和灵活的服务，满足投资者在不同市场条件下的需求。在这个充满不确定性的世界里，风险度量与投资决策的理论探索是一个永无止境的过程，它们如同 DNA 双螺旋结构一般，相互缠绕、相互推进，不断拓展着人类理性认知的疆界，推动金融行业向着更加科学、高效和个性化的方向发展。

第 4 章
资产定价模型和机制

1. 资本资产定价模型的应用场景

在金融市场的浩瀚星空中,资本资产定价模型(CAPM)犹如牛顿运动定律般揭示着风险与收益的永恒关系。20 世纪 60 年代,Sharpe 等学者构建了这一理论框架,其简洁的数学表达式背后蕴含着深邃的市场规律,成为现代金融学领域最重要的坐标参考系。CAPM 不仅为资产定价提供了基础范式,更重塑了人类对风险本质的认知方式。从华尔街的交易大厅到跨国企业的战略决策,从主权财富基金的配置逻辑到金融科技的算法内核,这一模型以惊人的渗透力影响着现代金融的每个神经末梢,其应用场景早已突破传统边界,在理论与实践的交织中持续演化,展现出强大的生命力与适应性。不仅如此,CAPM 还推动了后续一系列金融理论的发展,如套利定价理论(APT)和多因子模型等,这些理论进一步丰富了我们对市场复杂性的理解。在投资组合管理、风险评估以及金融产品创新等领域,CAPM 的原理被广泛应用于指导实践,帮助投资者和决策者在变幻莫测的市场中寻找平衡点，实现资产的最优配置。

风险定价的基准

CAPM 的核心贡献在于它成功地将系统性风险量化为一个可观测的指标——贝塔系数。这一创见不仅在理论上具有重大意义，而且在实践中也有深远的影响，因为它使原本抽象且难以捉摸的风险概念首次获得了精确的数学表达。贝塔系数可以被看作是金融资产的 DNA 图谱，它揭示了个体证券对市场整体波动的敏感程度。当投资者在构建自己的投资组合时，CAPM 提供了一个清晰且有力的决策框架：那些承担更高系统性风险的资产，理应提供更高的预期收益作为补偿。这种风险与收益之间的对应关系，为投资者提供了一个明确的基准，从而为主动投资策略提供了一个重要的参考点。主动管理者的超额收益，从某种意义上讲，是对 CAPM 均衡状态的一种偏离。这种偏离的持续存在，不仅不断验证着模型的解释能力，同时也不断地挑战着模型的解释边界，促使金融理论和实践不断进步。

在被动投资领域，CAPM 的理论预言不仅催生了指数基金革命，而且有效市场假说与 CAPM 的结合，使跟踪市场组合成为一种理性选择。贝塔系数在此过程中转化为资产配置的比例尺，帮助投资者根据自己的特定风险偏好来确定最优的市场敞口。交易所交易基金的爆发式增长，正是 CAPM 在实践中的大规模应用——通过低成本的贝塔暴露来获取市场平均收益，已成为现代财富管理的标准配置逻辑。

在投资绩效评估体系中，CAPM 构建了划时代的评价标准。Jensen's Alpha 将基金收益分解为市场收益和超额收益，这种二元解构彻底改变了投资能力的衡量维度。业绩归因分析在此基础上发展出成熟的方法论体系，帮助投资者识别收益来源究竟是风险承担还是管理技能。这种评估范式不仅应用于传统共同基金，更渗透到对冲基金、私募股权等另类投资领域，成为跨资产类别比较的统一标尺。

企业决策

在资本预算的广阔领域中，CAPM 彻底改变了企业价值评估的底层逻辑和方法论。通过加权平均资本成本的计算，企业能够将股权融资成本与 CAPM 紧密联系起来，从而确保项目投资决策建立在一个坚实的、系统的风险定价基础之上。企业通过精确计算特定项目的贝塔系数，将其与市场组合的风险特征紧密相连，进而确定一个与项目风险水平相匹配的贴现率。这种基于风险定价的评估方法，有效地打破了传统会计指标的局限性，将资本市场的定价机制引入实体经济活动之中。这不仅提升了企业决策的质量，而且促进了金融理论与企业财务实践之间的深度交融，为现代企业财务管理开辟了新的视野。

在并购定价的复杂方程中，CAPM 扮演了至关重要的角色，它提供了关键的参数校准。当分析师在评估目标企业价值时，他们通常会采用可比公司分析法来确定行业贝塔值，然后基于此推导出适合标的企业的股权成本。在杠杆收购模型的应用中，CAPM 不仅用于计算股权成本，还指导着资本结构的动态优化。随着收购后企业财务杠杆的变化，贝塔系数会相应地进行调整，从而形成融资成本与资本结构之间的互动反馈。这种动态定价能力使 CAPM 成为并购交易中不可或缺的核心定价工具。

在战略规划层面，CAPM 的影响进一步扩展到业务组合管理领域。多元化的企业利用贝塔分析来评估各个业务单元的风险属性，通过调整业务组合中的贝塔值，能够实现整体风险暴露的优化。在经济上行期，高贝塔的业务单元可能成为推动企业增长的强大引擎，而在经济危机时期，低贝塔的业务单元则能够作为稳定器，帮助企业在动荡的市场环境中保持稳定。这种基于系统性风险特征的战略配置不仅超越了传统的行业周期分析，还为企业构建抗周期能力提供了量化的决策依据，从而在长期内增强企业的市场竞争力和财务稳健性。

制度设计

在金融监管体系的构建中，CAPM 扮演了至关重要的角色，它为衡量和监管系统性风险提供了核心参数。巴塞尔协议中对银行资本充足率的规定，实际上是 CAPM 所体现的风险定价逻辑的制度化呈现。该规定通过风险加权资产的计算方法，将不同资产类别的系统性风险差异具体化，并据此转化为对银行的法定资本准备要求。此外，在进行压力测试时所采用的情景模拟方法也是基于 CAPM 的风险分解框架，用于评估在极端市场情况下，不同风险因素可能产生的传导效应。这种监管逻辑不仅关注单个金融机构的风险状况，而且将这些微观层面的风险与整个金融系统的宏观稳定相联系，从而为现代金融监管提供了重要的量化基础。

在当今的金融投资领域，社会保障基金与主权财富基金的资产配置策略，深刻地体现了 CAPM 所倡导的长期主义投资视角。以挪威政府养老基金为例，作为世界上规模最大的主权财富基金之一，其资产配置模型正是以 CAPM 为理论基础，通过在全球范围内进行分散化投资组合，有效地降低了非系统性风险，同时专注于获取市场贝塔收益。这种基于 CAPM 的资产配置，已经改变了传统储备管理中追求绝对安全的保守策略，转而采取更为积极主动的投资态度。在确保风险可控的前提下，通过科学合理的资产配置，实现资产的保值和增值，为公共财富的管理树立了一个全新的范式。

在金融科技创新的浪潮中，CAPM 以一种全新的形态延续着它的生命力。智能投顾算法的出现，将 CAPM 与机器学习技术相结合，实现了个性化贝塔定制的突破。这种算法通过深入分析投资者的风险偏好、流动性需求以及行为特征，动态地调整投资组合的系统性风险暴露，适应不同投资者的个性化需求。与此同时，区块链技术在证券化平台的应用过程中，也运用 CAPM 的原理设计了通证经济模型。通过将项目的风险特征编码为数字资产的定价参数，这些平台能够更精确地反映资产价值和风险水平。这些创新实践不仅拓展了 CAPM 的应用范围，而且使其在数字金融时代持续发挥着重要的理论指导价值，为金融市场的参与者提供了更加科学和精准的决策支持。

理论边界的拓展

行为金融学领域所面临的挑战，推动了 CAPM 的进一步发展和演变。在传统的金融理论中，投资者被假定为完全理性的经济人。然而，随着前景理论的提出，人们开始认识到，在实际决策过程中，投资者往往受到认知偏差和情绪波动的影响。这些因素在传统模型中并未得到充分考虑。因此，学者们开始致力于将这些行为因素量化，并将其作为风险调整系数引入模型中，从而发展出了行为贝塔这一概念。这种改良后的模型在解释市场中出现的各种异象（例如低波动率异象）时，显示出更为强大的适应性和解释力。它不仅保留了 CAPM 的核心思想，还为这一经典模型注入了新的解释维度，使其更加贴合现实市场的复杂性。

近年来，多因子模型的兴起和发展并没有削弱 CAPM 的核心地位，相反，它实际上加强了 CAPM 的基础框架价值。Fama – French 三因子模型的提出，将公司规模因子、账面市值比因子（价值因子）与市场因子并列，这实质上是对 CAPM 单因子模型的一种扩展，而不是替代。在套利定价理论的框架下，CAPM 可以被看作多因子模型的一种特殊形式。这种理论的演进进一步证明了，CAPM 所揭示的系统性风险定价原理具有持久的理论价值，其简洁性优势在众多复杂模型涌现的时代显得愈发珍贵。

在非传统资产领域，CAPM 的应用边界正在不断地被拓展和突破。随着加密货币市场的兴起，研究者开始尝试引入修正的贝塔系数，以期将市场组合的概念扩展到一个更广阔的范围，构建包括数字资产在内的广义市场指数。这种做法试图捕捉加密货币特有的风险和回报特征，以便更准确地对这类新兴资产进行定价。与此同时，绿色贝塔概念在气候金融领域的提出和发展，标志着环境风险因子被纳入传统定价模型中的新趋势。绿色贝塔通过考虑投资对环境影响的潜在风险，为投资者提供了一种新的视角来评估资产的价值。尽管这些探索性的尝试面临数据稀缺、市场分割以及评估方法不成熟等挑战，但它们无疑展现了 CAPM 理论框架的强大包容性和适应性。只要系统性风险可被定义和计量，CAPM 的核心定价逻辑便会在不同领域和资产类别中展现出移植应用的潜力和可能性。

CAPM 之所以能够历经时间的检验，展现出持久的生命力，是因为它深刻地把握了金融市场的本质。即便在有效市场假说不断遭遇质疑，以及行为金融学不断被挑战的当下，CAPM 依然稳固地占据着金融理论的基石地位。这种稳固并非建立在假设条件的完全真实性之上，因为 CAPM 成功发现了风险定价的核心规律，即系统性风险应当通过市场机制来定价。正如牛顿力学即便在以相对论和量子力学为基础的现代物理学时代依然发挥作用一样，在工程设计领域，CAPM 至今仍然发挥着不可替代的指导作用。CAPM 在复杂多变的金融现实世界中，继续充当基础坐标系，为理解和分析金融资产的风险与回报提供了重要的理论框架。

在如今这个数字化时代，金融创新的浪潮正在深刻地改变着 CAPM 的应用环境。随着技术的不断进步，高频交易算法能够实时地计算出动态的贝塔值，智能合约技术也使基于 CAPM 的套利策略能够自动执行，而大数据分析则进一步拓展了市场组合的边界。这些技术的演进并没有从根本上颠覆 CAPM 的理论基础，相反，它们通过提供更精细的风险计量方法和更及时的价格发现机制，使模型中预设的理想条件逐渐向现实世界靠拢。展望未来，当量子计算技术突破传统计算能力的限制时，CAPM 可能会发展出全新的表达形式，但其核心所揭示的风险与收益之间的均衡关系，无疑将继续作为金融定价理论的基石，支撑着整个金融市场的运行。

在当今金融全球化的背景下，CAPM 与地方性知识[①]的相互碰撞和

---

① 地方性知识（Local Knowledge）是由美国人类学家克利福德·格尔兹（Clifford Geertz）提出的概念，是指在特定文化、历史和社会情境中生成并得到辩护的知识体系，强调知识的语境依赖性、特殊性与本土性，而非普遍适用性。

融合，正面临文化适应性的新挑战。在新兴市场中，制度摩擦、信息不对称以及投资者结构差异等多重因素正在促使具有地域特色的 CAPM 修正模型不断演进。这些本土化的创新，并不是对原始 CAPM 的否定，而是体现了理论普适性与实践特殊性之间的辩证统一关系。随着中国资本市场的"特色贝塔"以及印度股市的"制度风险因子"等概念逐步被认可和应用，CAPM 的理论框架和应用图谱将变得更加丰富和多元化。CAPM 已不再是一个单纯的学术概念，它已经演化为金融领域中不可或缺的元语言。这个模型教会了市场参与者们如何用风险的视角来观察世界，如何用均衡的思维来理解市场的波动，以及如何用数学的语言来解释那些充满不确定性的金融现象。在金融工程变得日益复杂、各种衍生工具如雨后春笋般涌现的时代，回归 CAPM 所揭示的基本原理，反而能够帮助我们获得一种穿透复杂性的认知清醒。这正是金融理论中一个奇妙的悖论——最简洁的模型往往具有最持久的解释力。就像爱因斯坦的质能方程简洁地揭示了质量与能量之间的关系一样，CAPM 也以其简洁的形式道尽了资产定价的精髓。CAPM 的持续演化史证明了，真正经典的理论是不会被时代所淘汰的，它们只会随着时间的推移，在新的认知维度上展现出更加深刻的内涵。

2. 套利资产定价模型的应用场景

在金融市场的复杂方程中，套利资产定价模型（APT）犹如一把万能钥匙，解开了多因子驱动下的资产价格形成之谜。这一模型以其独特的视角和方法论，为理解资产价格的形成提供了全新的维度。与传统

CAPM 所采用的单一维度视角不同，APT 以无套利原则为根基，构建起一个多维风险因子的解释框架。它将资产定价从线性因果的桎梏中解放出来，为金融市场的参与者提供了一种更为全面和深入的分析工具。这种理论范式的跃迁，不仅重塑了资产定价的认知版图，更催生出全新的投资实践维度。从跨市场套利策略的精密设计，到智能投顾的算法内核，从风险因子的动态解构，到金融危机的早期预警，APT 的应用触角已深入现代金融体系的每个毛细血管。其独特的方法论优势——允许灵活选择风险因子、不依赖市场组合假设、兼容非均衡动态过程——使其在理论与实践的双重维度上展现出强大的生命力。APT 的出现，为金融分析师和投资者提供了一种更为灵活和全面的分析框架，使他们能够更好地理解和预测资产价格的变动，从而做出更为明智的投资决策。

多因子定价

APT 在理论上的核心突破在于将资产收益分解为系统性风险因子的线性组合。这种解构的思维模式，颠覆了传统 CAPM 对市场风险的唯一认知，揭示了资产价格实际上受到多维度力量共同作用的真相。在这些力量中，宏观经济因子（例如国内生产总值增长率和通货膨胀率）、市场情绪因子（如投资者的风险偏好变化）、行业特质因子（例如技术进步带来的行业变革冲击）、流动性因子（例如市场买卖价差的波动性）等，共同编织成一个复杂的资产收益生成网络。通过运用主成分分析、因子旋转等高级统计技术，APT 能够将原本混沌无序的市场波动转化为一个清晰可解释的因子载荷矩阵，从而为资产定价提供了一个多棱镜式的观察视角，使投资者和分析师能够更深入地理解市场动态和资产价值。

在主动投资领域内，APT 重新定义并塑造了阿尔法收益的挖掘和分析逻辑。与传统主要依赖于对个股基本面深入分析的选股策略不同，APT 框架将超额收益解构为一系列未被市场充分定价的风险因子暴露。量化基金利用机器学习技术来识别这些潜在的定价因子，并据此构建一个多空组合，目的是获取因子溢价。这种被称作"因子狩猎"的策略，通过在不同的风格因子（如价值、动量、质量、低波动等）之间进行轮动来捕捉收益机会。这体现出 APT 不仅是一个定价模型，而且是一个强大的收益创造工具。此外，高频交易系统通过实时监测这些因子暴露，运用算法化的方式进行调整，将 APT 的动态定价思想付诸实践，在以分钟为单位的时间尺度上，实现了对市场变化的快速响应和利用。

在资产配置的顶层设计中，APT 提供了一个关键的决策框架，即风险因子再平衡。通过这一框架，主权财富基金能够识别并评估不同资产类别对关键风险因子的敏感性，进而构建出一个既跨地域又跨资产的风险因子分散组合。在当前全球气候变化等新型风险日益凸显的背景下，碳价格因子和气候物理风险因子被纳入 APT 模型中，这直接推动了绿色资产的重新定价过程。APT 模型的这种动态因子库扩展能力，确保了其始终能够站在风险认知的最前沿，为投资者提供一个不断适应和响应新风险的资产配置工具。

跨市场套利

APT 为跨市场交易提供了坚实的理论基础。这一理论指出，在一个有效的市场中，如果同一风险因子在不同市场上的定价存在差异，那么套利者可以利用这种差异，通过构建相应的多空投资组合来实现风险对冲，并最终获得无风险收益。例如，在外汇市场中，通过三角套利策略，套利者可以在三种货币之间进行交易，利用汇率之间的差异来获取利润。在股债市场中，风险溢价套利策略允许投资者利用股票和债券之间的风险差异来实现套利。而在大宗商品与衍生品市场中，基差交易则是通过比较现货价格与期货价格之间的差异来进行套利。这些策略本质上都是 APT 原理在不同市场和不同场景下的具体应用。随着算法交易系统的出现，数以万计的证券因子暴露差异可以被实时监测，系统能够在定价误差出现的那一刻迅速构建套利组合并执行平仓操作。这样，APT 理论中的数理之美得以在高频交易中实现，每秒可以产生数百万个交易指令，将理论转化为实际的交易成果。

在跨境资本流动的复杂环境中，APT 构建了一个全球性的风险定价框架。它将新兴市场股票的超额收益分解为多个风险因子的综合影响，包括汇率风险因子、政治风险因子以及制度摩擦因子等。国际投资者利用因子剥离技术，能够对这些风险因子进行精确的量化分析，从而准确地计算出各个国家的风险溢价。在货币危机的预警模型中，诸如利率平价的偏离度、外汇储备的覆盖度等关键变量，被纳入 APT 的特定变量体系中，有助于金融机构预测汇率失衡的临界点，从而提前做出反应。这种基于全球化视角的因子定价方法，不仅加深了我们对市场风险的理解，而且使 APT 成为连接离岸市场与在岸市场的重要理论桥梁，促进了全球金融市场的整合与风险控制。

金融衍生品的创新设计深深根植于 APT 的逻辑土壤之中。在期权定价模型中，隐含波动率曲面的构建、信用违约互换价差的因子分解、结构性产品的风险收益定制，这些金融工程的实践无不体现着多因子定价的思维印记。做市商在进行交易时，会利用 APT 框架下的因子相关性矩阵，动态地对冲复杂衍生品的多维度风险暴露，通过这种方式在非线性的收益曲面中开辟出市场化生存空间，从而在金融市场中保持竞争力。

风险管理

APT 对风险的多维解构，彻底革新了传统风险管理的方法论。在险价值模型通过因子映射技术，将资产组合风险转化为关键因子的波动贡献度分析。这种风险溯源能力，使机构能够精准识别出最大的风险敞口，从而实施靶向对冲。2008 年金融危机之后，流动性因子、尾部风险因子被强制纳入银行压力测试体系，这正是 APT 思想在监管实践中的制度化体现。APT 的出现，不仅改变了我们对风险的理解，也改变了我们对风险的管理方式。它使我们能够更深入地理解风险的本质，更有效地管理风险。APT 的多维解构方法，使我们能够从多个角度分析风险，从而更全面地理解风险；APT 的风险溯源能力，使我们能够追溯风险的源头，从而更精准地识别风险；APT 的出现，使我们能够更有效地实施对冲策略，从而更有效地管理风险，并应对金融危机。

在组合优化的领域内，APT 对有效前沿的生成逻辑进行了重构。与传统的 MV 模型相比，APT 将投资组合中的方差风险分解为两个主要部分：可解释的因子方差和特质方差。这种分解使投资者能够更加清晰地理解风险来源，并根据自己的风险偏好，有针对性地对冲掉特定因子的风险暴露。例如，养老基金为了确保资产与负债的匹配，会特别关注控制利率因子和通胀因子的敏感度，从而构建出与负债端久期相匹配的资产组合。而对冲基金则倾向于通过增加动量因子和小盘因子的暴露，来追求更高的风险调整后的超额收益。这种被称为"因子工程"的技术，有效地将组合管理由模糊的艺术形式转变为一种精确的科学方法。

在金融危机预警系统中，APT衍生出独特的监测价值。通过深入追踪关键风险因子的异常协同运动，监管者可以识别系统性风险的集聚信号。信用利差因子与流动性因子之间的非线性耦合、波动率因子与相关性因子之间的正反馈循环，这些复杂互动模式的识别，为宏观审慎政策提供了超前干预的决策依据。此外，APT模型还能够揭示市场参与者行为的潜在变化，进而分析这些变化如何影响金融市场的稳定性。通过这种高级分析，监管机构能够更好地理解市场动态，从而在风险尚未完全显现之前，采取必要的预防措施，以维护金融系统的整体健康和稳定。

金融工程

在APT框架的指导下，金融产品创新得到了理论上的重要指引。通过运用结构化票据这一金融工具，结合因子剥离与重组技术，能够将基础资产的收益进行精细的分解，形成一系列针对不同风险偏好的投资模块。对于那些偏好保守投资策略的投资者来说，他们可以通过这种结构化产品获得本金的安全保障以及相对稳定的固定收益因子；而对于那些寻求更高风险和更高回报的激进型投资者，则可以通过杠杆化的方式，追求那些高波动性因子所带来的潜在高收益。这种被称为"因子证券化"的技术，不仅极大地扩展了金融产品的定制化空间，而且使APT从一个单纯的定价工具，转变成为一种强大的金融产品设计语言，为金融工程师提供了更多的灵活性和创造性，使他们能够设计出更加符合市场需求和投资者偏好的金融产品，进而推动整个金融市场的创新和发展。

在金融领域，风险管理工具的创新始终与 APT 的原理紧密相连。波动率互换合约的出现，实质上是对波动率这一关键因子的纯暴露交易，它允许市场参与者直接对波动率风险进行买卖，而不受其他市场因素的干扰。这种合约的创新，不仅为投资者提供了新的风险管理手段，也进一步验证了 APT 理论中关于风险因子暴露的预言。同样，通胀挂钩债券的推出，为投资者提供了一种对冲通胀风险的有效工具，它通过与通胀指数挂钩的方式，实现了对通货膨胀因子的定向对冲。这种债券的创新，使投资者能够更好地管理与通货膨胀相关的财务风险，同时也体现了 APT 理论在实际应用中的价值。此外，随着全球气候变化问题日益严峻，气候衍生品市场应运而生。这个市场将气温、降水量等环境因子纳入定价模型，通过创新金融工具，如天气衍生品和碳排放权交易，为市场参与者提供转移和管理气候相关风险的新途径。这些创新工具不仅丰富了风险管理的手段，也推动了金融工程向更高维度的因子空间拓展，进一步验证了 APT 理论在现代金融实践中的适用性和前瞻性。

在数字货币领域，APT 展现出跨代际的解释力。比特币收益被重新解构为监管风险因子、技术迭代因子和市场情绪因子的组合，而稳定币定价模型则引入了抵押品质量因子、跨境流动性因子等新型变量。这种理论迁移证明，即便在最前沿的金融创新中，APT 揭示的多因子定价规律依然具有普适性。

理论拓展

机器学习与 APT 的结合正在深刻地改变人们对资产定价的理解和认知。通过深度学习网络的强大功能，特别是特征自动提取技术，研究者能够从大量非结构化的数据（如卫星图像、社交媒体文本、供应链数据等）中，挖掘出潜在的定价因子。这些因子在传统分析中往往难以捕捉，但它们对于理解资产价值而言至关重要。与此同时，自然语言处理模型的应用，使实时解析央行声明文本成为可能，进而将货币政策因子量化为可交易的信号流。这种基于数据驱动的因子发现机制，不仅提高了定价模型的精确度，还使传统的 APT 模型从一个静态的方程，进化为一个能够自我学习和适应的生态系统。这种进化不仅提升了模型的预测能力，还为投资者理解市场变化提供了更加动态和全面的视角。

从行为金融学的视角来看，APT 得到了新的解释和维度上的扩展。在这一领域中，投资者情绪因子、有限注意力因子以及处置效应因子等非理性因素被逐渐引入定价模型中，从而在传统理性人假设出现的裂缝中，生长出更加符合现实情况的行为修正模型。此外，神经金融学的实验通过监测大脑电波的活动，识别出风险因子在大脑中的神经编码机制，为 APT 提供了来自生物学层面的验证路径。这种跨学科研究的突破，正在逐步重建资产定价理论与人类决策本能之间的联系，为理解市场行为和资产定价提供了新的视角。

在极端市场环境中，APT 展现出其独特的理论韧性。在新冠疫情防控期间，生物医药因子、远程办公因子、供应链韧性因子等新型风险维度快速形成，而 APT 框架的弹性包容特性使其能够及时吸纳这些变量，从而保持其在市场分析中的有效性和相关性。此外，在气候压力测试中，洪水频率因子、碳转型成本因子等长期风险参数被系统性地引入估值模型，这不仅增强了 APT 模型对环境风险的适应能力，也推动着 APT 向可持续发展维度演进，使其成为更加全面和更具前瞻性的市场分析工具。

APT 之所以持续散发着迷人的魅力，是因为它诚实地接受了金融世界复杂性的本质。与 CAPM 追求的简约美学不同，APT 坦率地承认了现实世界中多种因素相互交织所带来的混沌状态。这种理论上的自我认知，恰恰与现代金融体系不断演进、日益复杂化的趋势相吻合。在当今这个数字货币正在颠覆传统支付体系、ESG 标准正在重新定义投资逻辑、算法技术正在彻底改变交易模式的时代背景下，APT 所展现出的理论弹性，证明了真正伟大的金融模型并不是简单地提供一个确定的答案，而是构建一个能够持续探索和适应不断变化的环境的框架。随着量子计算技术成功突破了传统计算机的算力限制，APT 有望迎来一次重大的进化。在量子计算的辅助下，因子空间的维度有可能实现从数百到数万的飞跃性扩展，这将使动态因子载荷的实时计算成为现实。此外，非线性因子之间的交互效应也将能够得到更为精确的建模和分析。尽管这种技术上的巨大跃迁可能会改变我们理解和处理 APT 的方式，但它并不会颠覆 APT 的核心逻辑。相反，量子计算的加入很可能会进一步巩固 APT 作为资产定价基础范式的地位，这与物理学中的情况类似；相对论的出现并没有否定牛顿力学，而是为牛顿力学划定了一个更为精确的适用范围，明确了其在特定条件下的有效性。在金融全球化的裂变与重组进程中，APT 持续扮演着理论使者的角色。它不仅在新兴市场特有的制度摩擦因子、发达市场深化的技术溢价因子、离岸市场独特的监管套利因子等地域性知识的不断注入下保持了核心框架的稳定，而且还获得了持续进化的动力。这种普适性与特殊性的辩证统一，正是 APT 区别于其他定价模型的本质特征。APT 理论体系的这种独特性，使其在对金融市场的分析和预测中具有不可替代的重要作用。它不仅能够帮助投资者理解不同市场环境下的风险和收益关系，还能够指导投资者进行有效的资产配置和风险管理。因此，在金融全球化的大背景下，APT 理论的重要地位无可替代，其影响极为深远。

3. 实证资产定价模型比较分析

金融市场的定价机制，就像一台精密而复杂的仪器，它永不停歇地运转着，而实证资产定价模型则充当了我们解读其运行规律的观测透镜。从最初简单的单因子模型，到后来复杂多变的高维因子丛林，从传统线性回归分析，到现代神经网络技术，资产定价的实证研究实际上反映了人们对金融市场复杂性认知的不断进化和深化。每一种新模型的崛起，都建立在对前人理论局限性的突破之上；每一次方法论的革新，都映射着金融市场结构的演进和变迁。这些模型在追求解释力与保持简洁性之间不断权衡，在样本内拟合的精确度与样本外预测的可靠性之间持续博弈，共同勾勒出资产定价理论的发展图谱。深入理解这些模型的演进逻辑与性能边界，不仅有助于我们梳理金融学的发展历史，更引导着我们对金融市场的本质进行深层叩问和探索。

实证资产定价模型的局限性

CAPM 是金融学领域中一个具有里程碑意义的理论，它开启了实证资产定价研究的启蒙时代。这一模型提出了一个关于资产收益的单因子解释框架，将资产的预期收益归因于其市场风险暴露，即资产对市场波动的敏感度。与牛顿力学为物理学领域奠定基础相类似，CAPM 也为金融市场建立了一套与牛顿力学类似的第一性原理。20 世纪 70 年代，

CAPM 经历了广泛的实证检验。在横截面回归分析中，市场贝塔系数呈现出显著的统计学意义，而截距项的回归结果接近于零，这似乎验证了 CAPM 的理论预言，即市场风险是决定资产收益的唯一因素。然而，这种理论上的辉煌并没有持续太久。随着时间的推移，研究者开始使用更高频率的数据和更大的样本量进行分析，这时，一些系统性的异象开始显现出来。例如，小市值股票似乎持续地跑赢了那些高贝塔系数的股票组合，而那些低市净率的公司也产生了超出预期的超额收益。这些现象与 CAPM 的预测并不相符，揭示了 CAPM 单一市场因子解释力的根本性缺陷。这些发现表明，除了市场风险之外，可能还有其他因素在影响着资产的收益，如公司规模、账面市值比等这些因素后来被纳入多因子模型中，以期更全面地解释资产收益的决定因素。

套利定价理论（APT）的提出标志着多维因子范式的崛起。这一理论由美国学者 Ross 提出，并通过数学证明揭示了多因子模型的必然性——只要存在未被定价的系统性风险源，就会产生超额收益机会。在早期的实证研究中，研究者尝试采用宏观经济因子（如工业产出、通胀率、利率期限结构等）来构建模型，但结果表明，因子选择具有强烈的主观性与样本依赖性。更致命的是，这些模型在样本外预测中表现极不稳定，因子的显著性会随经济周期剧烈波动。这种理论弹性成为实证应用的桎梏：研究者可以构建出任何想要的因子组合，却无法保证其经济含义的普适性。

Fama – French 三因子模型的出现，标志着因子选择领域混乱状态的终结。通过系统地识别和定义规模因子（SMB）和价值因子（HML），Fama 和 French 两位学者成功地将市场中出现的各种异象转化为可以解释的风险溢价。在他们 1993 年发表的开创性论文中，三因子模型对美国股票市场收益的解释力达到了惊人的 90% 以上，这一成就彻底地改写了实证资产定价的研究范式。然而，在这一辉煌成就的背后，隐藏着方法论上的危机：对于数据挖掘的质疑声始终未曾停歇。当研究者从数百个候选因子中筛选出显著变量时，人们不禁要问：这是否仅仅是因为发现了统计噪声的特定排列组合？这种因子发现方面的科学性问题，成为后续所有实证模型必须面对和解决的关键问题。

因子模型膨胀

Carhart 四因子模型的提出，标志着因子增殖时代的正式开启。通过引入动量因子（MOM），该模型在解释基金业绩持续性方面的能力得到了显著的增强。然而，动量效应本身却带来了新的理论困惑：它究竟是代表了尚未被市场定价的风险因素，还是市场参与者非理性行为的体现？这种概念上的模糊性在随后的因子扩展过程中变得越来越明显。随着质量因子、投资因子、盈利因子等的陆续加入，模型逐渐演变为包含五因子、六因子甚至七因子的复杂结构。每一次新因子的添加，虽然在样本解释力上带来了边际提升，但这种提升是以模型复杂度呈指数级增长为代价的。更加严峻的问题是，因子之间的多重共线性问题开始影响参数估计的稳定性，使 t 统计量的显著性变得越来越不可靠。

"因子动物园"现象揭示了传统金融研究方法所面临的深层次难题。Harvey 及其他学者的研究表明，当学术文献中宣称的显著因子数量超过 300 个时，实际上其中大部分因子无法经受住严格的统计检验。这一现象暴露了 p 值操纵、选择性报告、过拟合等一系列问题，这些问题严重扭曲了实证研究的发现机制。这种因子通货膨胀不仅导致了学术资源的极大浪费，而且对资产定价理论的实证基础造成了根本性的动摇。面对这一挑战，机器学习技术的引入被视为打破僵局的关键。正则化回归、主成分分析、因子旋转等降维技术开始被广泛应用于从众多候选因子中提取出真实信号的过程中。然而，即便有了这些技术的辅助，我们仍然面临核心问题：如何准确区分风险溢价与行为偏差，以及如何验证因子的经济意义，而不仅仅是统计显著性。

异质资产定价模型为资产定价领域开辟了全新的视角。该模型通过引入投资者异质性这一关键假设，成功地将因子溢价分解为两个主要部分：一部分是风险补偿，另一部分则是错误定价。在这种理论框架的指导下，价值因子可能不仅反映了基本面风险，还包含了市场参与者过度反应的成分。同样，动量因子可能不仅与信息扩散的速度差异有关，还可能与市场中的反馈交易行为紧密相关。在实证研究中，研究者通过构建投资者情绪指标和机构持股数据，能够部分识别出因子的行为金融成分。虽然这种混合解释在一定程度上增加了模型的复杂性，但其结果更贴近真实市场的运行机理，为理解资产价格的形成提供了更为丰富的信息。

非线性重构

在 2008 年金融危机之后，传统线性模型的主导地位受到了根本性的挑战和质疑。2008 年，当市场发生崩盘时，所有风险因子之间的相关系数几乎达到了 1，这意味着因子分散化策略完全失去了作用。这种非线性相关结构的崩溃，揭示了线性模型在极端市场情况下的脆弱性。与此同时，神经网络模型的引入标志着非参数定价新时代的开始。深度学习架构通过自动化的特征提取，能够有效地捕捉资产收益与风险因子之间复杂的交互作用。在处理高频交易数据时,长短期记忆网络在预测波动率因子方面的能力显著超过广义自回归条件异方差模型;在利用另类数据进行资产定价时,卷积神经网络能够从卫星图像中提取出零售流量因子,显示出令人惊叹的解释力和预测能力。然而,这些所谓的"黑箱"模型也带来了沉重的代价:它们缺乏经济学上的解释性,使实证研究在某种程度上变成纯粹的数据游戏,缺少对经济现象深入理解的支撑。

符号回归这一领域致力于在模型的复杂性和可解释性之间找到一个恰当的平衡点,它利用遗传算法这一强大工具,自动生成具有特定功能的数学表达式。这种方法在探索和发现传统计量模型可能忽略的非线性定价关系方面表现出了显著的优势。例如,它能够揭示波动率因子与流动性因子之间复杂的交互作用,以及宏观经济因子在特定阈值下的效应等新型关系。这些新发现不仅显著提高了模型的预测精度,而且促进了新的风险因子理论的诞生。当先进的机器学习模型成功识别出"通胀波动率二次项"的定价效应时,传统的宏观金融理论就不得不重新审视通胀风险的非对称传导机制,从而对现有的经济理论框架提出了挑战。

分形市场假说与复杂性科学的融合,为实证研究带来了全新的时空观。通过运用重标极差分析方法来计算 Hurst 指数,研究者揭示了资产收益中长期记忆效应的存在,这一发现与有效市场假说中预言的随机游走模式形成直接对立。多尺度熵分析进一步揭示了市场波动模式的层次结构:在高频噪声中嵌套着低频的趋势,这表明传统因子模型仅在特定的时间尺度上是有效的。这种多尺度定价效应的发现,迫使实证研究不得不放弃过去那种"一刀切"的建模思路，转而采用时变因子载荷的动态框架。

实证方法论的变革

基于设计的因果推断正在引领一场革命性的变革，它正在改变人们发现和理解因子的方式。通过引入一系列先进的计量技术，如工具变量法、双重差分模型、断点回归等，研究者试图在资产定价领域建立一套严谨的因果性验证标准。这些技术的应用，使我们在研究气候政策因子对绿色资产价格的影响时，能够通过各国碳税立法时间的自然实验设计，更加清晰和准确地识别出风险溢价。尽管这种基于设计的因果推断方法还处于发展的早期阶段，但它已经显示出巨大的潜力，有望彻底解决"因子动物园"中数据挖掘所带来的问题。

在现代统计学和数据分析领域，高维统计与稀疏建模技术已经彻底改变了因子选择的科学性与精确度。LASSO 回归作为一种先进的统计方法，能够引入 L1 正则化项自动筛选因子，这不仅有助于控制模型的过拟合风险，而且能够有效地保留那些关键的解释变量。这种方法在处理高维数据时尤其有用，因为它能够识别出真正对结果有影响的因素，从而简化模型并提高其解释力。此外，弹性网络方法的出现进一步提升了因子选择的效率。它巧妙地结合了 L1 和 L2 两种正则化惩罚项，不仅能够处理因子间的群组效应，还能在一定程度上解决变量间的多重共线性问题。这种综合了 LASSO 和岭回归优势的方法，使模型在保持简洁性的同时，也能够更好地适应数据的复杂性。

这些先进的统计技术在实证应用中已经展现出显著的优势。例如，在对美股百年数据进行的回溯测试中，稀疏模型不仅在样本外预测中表现出了优于传统逐步回归方法的准确性，而且所选择的因子具有更清晰的经济含义。这意味着通过这些模型得到的预测结果，不仅在统计上更为可靠，而且在经济学上也更容易被理解和接受。因此，高维统计与稀疏建模技术的应用，为金融市场的分析和预测提供了更为科学和有效的工具。

在当今的实证资产定价领域，研究正逐渐扩展至一个全新的维度——另类数据空间。随着技术的进步，人们开始利用各种非传统数据源来构建风险因子，这些数据源包括信用卡交易数据、船舶 AIS 信号以及社交媒体情感分析等。通过这些数据，研究者能够构建出实时消费因子、全球供应链因子以及市场情绪因子，这些非结构化的数据源极大地拓展了我们对风险因子认知的边界。自然语言处理技术的应用，特别是对财报电话会议文本的深入分析，揭示了管理层语调因子对未来股价波动的预测能力，这一能力甚至超过了传统的财务指标。这种从传统数据到另类数据、从结构化数据到非结构化数据的维度跃迁，正在深刻地改变实证研究的游戏规则，为金融市场的分析和预测提供了全新的视角和工具。

实证定价模型的未来发展

实证资产定价领域面临的根本性难题实际上深植于科学哲学的深层次问题之中。卡尔·波普尔（Karl Popper）提出的证伪主义原则，在金融学尤其是资产定价理论的应用上，一直是一个备受争议的话题。每当五因子模型遭遇到新的反例，即被新的证据所证伪时，研究者选择的往往不是放弃现有的理论核心，而是通过引入新的因子来应对这些挑战。

这种做法被称为"辅助假说免疫策略",它可能会使资产定价理论陷入一种范式锁定的状态,即理论变得僵化,难以适应新的证据和现象。在这种情况下,可能需要一种类似于托马斯·库恩(Thomas Samuel Kuhn)所描述的科学革命,来彻底改变我们对风险与收益关系的理解。正如量子力学的出现彻底颠覆了经典物理学的框架一样,新的资产定价范式可能正孕育于那些现有理论无法解释的领域——就像"紫外灾难[①]"促使量子理论诞生那样。这在加密货币的定价问题中表现得尤为明显,其中的谜题可能正是产生新理论的催化剂。复杂性理论向我们揭示了一个深刻的真理,那就是我们必须放弃追求完美模型的不切实际的幻想。在金融市场这个复杂适应系统中,定价机制实际上是一种涌现现象,这种现象是如此复杂,以至于无法通过有限的因子集来完全解释其内在的运作机制。基于主体的建模方法,通过模拟不同特性的交易者之间的互动,成功地再现了市场中的动量效应、泡沫崩溃等异象。这种被称作"生成式实证主义"的方法,虽然不能提供一个精确的解析解,但它却为我们理解因子溢价的起源提供了一条全新的探索路径。

在当今时代,实证研究的伦理维度变得越来越重要。随着技术的进步,机器学习因子的应用变得越来越广泛——尤其是在金融领域。然而,当这些先进的因子被对冲基金垄断并使用时,可能会导致市场信息的不对称性加剧。这种不对称性可能会在市场上形成不公平的竞争环境,使某些参与者能够利用信息优势获得不正当的利益。此外,当气候

---

① 紫外灾难(又称紫外灾变或瑞利—金斯灾变)是19世纪末经典物理学在解释黑体辐射时出现的理论困境,表现为瑞利—金斯定律预测高频辐射能量趋向无穷大,与实验观测严重不符,最终促使量子理论的诞生。

风险模型被用来运作多达万亿美元的资产配置时，如果模型的方法论存在缺陷，则可能会导致系统性误判。这种误判不仅会影响个别投资决策，还可能对整个经济体系造成深远的影响。因此，对这些社会技术系统的反思需求变得尤为迫切。正是这种反思，将实证资产定价研究推向了科学与伦理的交汇处，要求研究者在追求科学进步的同时，也要充分考虑研究可能带来的伦理和社会影响。量子机器学习技术的发展，预示着我们即将迎来一场重大的技术革命。随着量子退火算法的不断进步，它在解决高维因子组合问题上的效率优势变得越来越明显，这可能会在不久的将来突破传统计算的限制。此外，量子神经网络展现出的处理高频数据的卓越并行能力也让我们对未来的计算能力充满期待。当量子霸权的概念被实际应用于资产定价领域时，我们有望见证千维因子模型的实时估计成为现实。这种能力将使非线性交互效应的精确建模成为可能，进而可能重新定义风险溢价的内涵，为金融市场的分析和决策提供全新的视角和工具。

在金融学领域，神经金融学的最新突破正在搭建起微观决策过程与宏观金融定价之间的桥梁。借助于脑机接口技术，研究者能够捕捉到投资者在做出投资决策时的风险偏好，并将其神经表征进行量化。这种创新的方法使得实验金融学能够构建出真正基于生物理性的定价模型。通过这种模型，研究者发现了所谓的"神经因子"，这些因子可能有助于解释传统金融模型无法充分捕捉的行为异象。这一发现为金融领域的实证研究注入了新的生物学维度，从而可能改变我们对市场行为和定价机制的理解。随着元宇宙金融生态的崛起，我们见证了一种全新的定价逻辑的诞生。在这个虚拟世界中，土地的收益率与社交网络效应之间的相互作用，以及数字身份信用评分所衍生出的新型风险溢价，都是推动这一变革的关键因素。此外，区块链构建的去中心化宏观因子正在迫使研究者对实证模型进行根本性的革新。传统的基于历史数据的回测方法可能在这种新的金融生态中完全失效，因此实时动态学习成为我们唯一可行的选择。

4. 高维阶矩资产定价模型分析

在金融市场的历史波动中，存在传统资产定价模型难以捕捉的隐秘维度。当CAPM与APT将风险简化为均值与方差的二维游戏时，诸如市场崩盘中的非对称暴跌和"黑天鹅事件"中的厚尾分布，体现了经典模型对于解释实际问题的无力。高阶矩资产定价模型的崛起，标志着人类对金融风险认知维度的跃升——从线性对称的钟型世界，跨入非线性扭曲的复杂空间。这种范式转换不仅颠覆了传统定价理论的数学根基，更重塑了风险管理的哲学框架。在偏度与峰度构筑的高维世界里，资产定价的古老命题获得了新生。这些高阶矩的引入，为理解金融市场的极端事件提供了新的视角，它们揭示了在极端市场条件下，资产价格的分布可能呈现出与传统模型预测结果截然不同的特征。因此，通过考虑这些高阶矩，投资者和风险管理者能够更准确地评估和预测资产价格的潜在波动性，从而在面对市场不确定性时做出更为明智的决策。

金融风险的维度

传统资产定价模型所面临的根本局限性，深植于其基于高斯分布的假设之中，这种假设的脆弱性是显而易见的。马科维茨提出的均值－方差框架将风险简化为波动率，这种建模的智慧在市场相对平稳的时期可以称得上是无懈可击。然而，一旦市场遭遇危机，这种模型便显露出其致命的弱点。历史上几次重大的市场危机，如1987年的"黑色星期一"、2008年全球金融危机以及2020年新冠疫情对市场的冲击，都在资产收益中呈现出显著的负偏态和尖峰厚尾的特征，这些特征彻底推翻了正态分布的假设。为了更准确地描述和预测市场行为，高阶矩模型应运而生，它通过引入偏度（即三阶矩）和峰度（即四阶矩），在数学层面上对风险的定义进行了重构。负偏度揭示了资产价格在极端情况下可能遭受的损失风险溢价，而高峰度则强调了对尾部事件进行风险补偿的必要性。这种对传统模型的维度扩展，使新的定价模型能够更好地适应真实市场中的非对称性和肥尾现象。这不仅为理解股权溢价之谜、低波动异象等经典金融难题提供了新的视角，而且为投资者和决策者提供了更为精确的风险评估工具。

在衍生品定价领域，高阶矩效应早已显现其定价威力。期权微笑曲线的存在，直观地暴露出Black－Scholes模型在高阶矩定价上的缺陷。随机波动率模型通过引入波动率的动态过程，间接捕捉到部分高阶矩信息；而直接建模偏度与峰度的定价模型，则能更精确地复制期权市场的隐含波动率曲面。这种定价精度的提升，源于对资产收益非对称跳跃与尾部依赖关系的直接刻画。在复杂衍生品横行的现代市场，忽略高阶矩的定价策略无异于蒙眼走钢丝。实际上，高阶矩效应在金融衍生品定价中扮演着至关重要的角色，它不仅影响了期权定价的准确性，还对风险管理策略的制定有深远的影响。因此，金融工程师和风险分析师必须深入理解高阶矩效应，以便更有效地评估和对冲风险。在实践中，通过构建包含高阶矩信息的模型，可以更好地适应市场的非线性特征，从而在波动的市场环境中保持竞争力。

在金融学领域，行为金融学的最新进展为高阶矩定价理论提供了坚实的微观基础。前景理论由心理学家和经济学家共同提出，它揭示了投资者在面对损失和收益时所表现出的非对称敏感性。这种非对称性导致了市场对具有负偏度的资产产生系统性的折价现象。具体来说，投资者对于潜在的损失比同等大小的收益更为敏感，这种心理特征在股票市场中表现为对所谓"彩票型股票"的狂热追逐。这种追逐行为本质上是对正偏度资产所隐含的溢价进行非理性支付。投资者的这种偏好异质性在资产定价方程中体现为高阶矩风险溢价，这表明传统的单一风险厌恶系数已经不足以描述投资者的风险态度。相反，多维风险态度参数成为更合适的描述工具。当市场参与者的效用函数不仅对一阶和二阶导数敏感，而且对三阶、四阶导数也表现出敏感性时，高阶矩就自然成为资产均衡定价过程中的核心要素。

高阶矩模型

基于矩母函数的定价框架为高阶矩建模提供了一套功能强大的工具。通过将资产收益的矩生成函数展开至四阶，定价核得以表达为市场因子与高阶矩因子的线性组合。这种扩展不仅保留了传统线性定价模型的简洁性，更通过高阶矩载荷系数揭示出不同维度风险的市场价格。在实证研究中，条件偏度因子与条件峰度因子的构建使研究者能够直接检验高阶矩的风险补偿效应。特别是在金融危机期间，这些因子的价格载荷呈现数量级的跃升，这不仅印证了高阶矩风险的时变特征，同时也强调了在市场动荡时期，高阶矩风险对资产定价的重要性。

非参数方法在高阶矩估计中展现出其独特的优点。传统的矩估计方法往往受限于特定的分布假设；而非参数方法，如核密度估计和经验特征函数法，能够直接从数据本身提取出高阶矩信息，无须依赖严格的分布假设。核密度估计可以通过平滑的方式估计概率密度函数，而经验特征函数法则利用样本数据来估计总体特征函数，两者都为高阶矩的估计提供了灵活而强大的工具。此外，小波分析技术通过多尺度分解，能够有效地区分出不同时间维度的高阶矩特征。例如，在高频交易数据中，小波分析可以揭示瞬时跳跃偏度，而在低频数据中，它有助于识别长期尾部风险的积累。这种结合时频分析的视角，为动态高阶矩建模提供了新的思路和方法，开辟了研究的新路径。

在当今的科技领域，机器学习算法正逐步克服高阶矩建模过程中所面临的维度灾难问题。通过深度神经网络的自动特征提取技术，研究者能够从复杂的高维市场数据中识别出有效的高阶矩代理变量。这些代理变量是高阶矩分析中的关键，因为它们能够代表数据中的关键统计特性。生成对抗网络作为一种前沿的深度学习模型，被广泛应用于模拟资产收益的复杂分布形态。在生成对抗网络的框架下，生成器通过与判别器进行对抗训练，本质上实现了对高阶矩特征的隐式学习，这为理解资产价格的深层次结构提供了新的视角。此外，强化学习框架下的动态投资组合优化策略，通过将偏度与峰度等高阶矩风险约束直接编码入奖励函数，实现了在风险控制与收益最大化之间寻求多目标平衡的智能决策。这种基于数据驱动的建模革命，正在使高阶矩资产定价理论从纯粹的学术构想转变为能够应用于实时交易系统的实践工具，从而为金融市场参与者提供了更为精准的风险管理和投资决策支持。

市场异象中的高阶矩

低波动异象的破解是高阶矩模型的里程碑式的成就。这一现象的发现颠覆了传统金融理论中关于风险与收益关系的预言,即高风险资产应有高收益补偿。然而,在实际的市场表现中,低波动股票往往能够持续跑赢市场,这与传统理论的预期相悖。高阶矩模型的引入,为我们提供了一个全新的视角来揭示这一现象背后的机制。通过高阶矩的分析,我们发现低波动组合往往具有负偏度特征,这意味着其表面上的低风险实际上可能隐藏着潜在的极端损失风险。投资者在面对这种"平静表面下的暗流"时,会要求额外的收益补偿,以对冲潜在的高风险,从而形成了所谓的低波动溢价。这种解释框架不仅成功地统一了风险与收益的悖论,还为 Smart Beta 策略的优化提供了坚实的理论基础,指引投资者在波动性与收益之间做出更明智的选择。

在加密货币市场中,定价问题一直是一个复杂且棘手的问题。然而,通过高阶矩框架的应用,这一难题得到了新的解答。比特币作为加密货币的代表,其收益分布呈现出显著的正偏和极端的峰度,这使比特币成为研究高阶矩效应的理想对象。基于高阶矩调整的资本资产定价模型揭示了一个引人瞩目的发现:在加密货币的超额收益中,大约有 40% 可以归因于投资者对正偏度的偏好支付以及对厚尾风险的厌恶补偿。这种基于高阶矩效应的定价机制,完美地解释了传统的波动率指标在数字货币市场中往往失效的原因,即投资者在定价时真正关注的是收益分布的非对称形态,而不仅仅是简单的二阶波动。

私募股权与风险投资领域所展现的高收益之谜,实际上需要通过高阶矩视角来进行深入的透视和理解。在这一领域中，初创企业的收益分布通常呈现出极端的正偏特征：绝大多数的项目以失败告终，收益接近于零，只有极少数的项目能够取得巨大的成功，并带来指数级的高额回报。高阶矩定价模型通过引入偏度偏好系数，揭示出投资者对于这类具有"长尾右偏"特征的资产的估值实际上包含了显著的偏度溢价。这种基于偏度溢价的定价逻辑不仅对私募股权的估值方法产生了根本性的改变，而且对创新经济的资本配置逻辑带来了深远的影响。

风险管理

在险价值体系的升级，是高阶矩模型应用的一个非常直接和显著的例证。传统的 VaR 方法是基于正态分布的假设，往往会导致对尾部风险的严重低估。然而，通过引入条件偏度和峰度的 Cornish–Fisher 展开法，风险计量的精度得到了显著提升，甚至可以达到 300% 以上的增长。在极端压力情景下，通过高阶矩调整后的极值理论建模，能够捕捉到那些传统估计方法可能会忽略的"黑天鹅事件"发生的概率。这种风险计量范式的进化，不仅提高了风险评估的准确性，而且使巴塞尔协议Ⅲ中的压力测试更具前瞻性，从而为金融机构的风险管理提供了更为科学和有效的工具。

随着投资组合优化技术的发展，我们已经进入了高维空间的优化时代。传统的均值-方差前沿理论已经被进一步扩展，形成了一个更为复杂的均值-方差—偏度—峰度多维有效曲面。这一理论的扩展，使投资者能够在一个更加全面的框架内进行资产配置决策。基于多项式目标函数的优化算法，为投资者提供了在追求收益、控制波动性、保障下行风险以及管理尾部风险之间进行精细权衡的可能性。对于那些拥有长期投资视角的机构投资者，比如养老金管理者，他们在构建投资组合时会特别关注如何通过配置负偏度资产（如国债）来对冲权益资产固有的左偏风险。这种策略已经成为在高阶矩思维指导下的标准风险控制操作，帮助投资者在面对市场不确定性时，能够更加稳健地管理其投资组合。

衍生品对冲策略在引入高阶矩模型后经历了根本性的转变。传统的 Delta 对冲方法主要关注消除一阶风险，即价格变动带来的直接影响。然而，高阶矩对冲策略通过引入 Gamma（二阶敏感度）、Speed（三阶敏感度）、Color（四阶敏感度）等参数的动态调整，能够更精细地管理那些非线性风险。在处理复杂衍生品的做市业务时，这种先进的对冲技术能够将尾部风险敞口降低超过 90%，从而大幅增强市场在面对冲击时的韧性。这种技术的应用不仅提高了风险管理的效率，也使市场参与者能够更加自信地应对市场波动。

理论前沿与未来挑战

当前，对跨资产高阶矩相关性的研究正在深刻地改变着大类资产配置的逻辑框架。传统观点认为，股票和债券之间存在负相关性，这意味着当一个市场表现不佳时，另一个市场可能会表现良好，从而为投资者提供一定程度的风险分散。然而，随着研究的不断深入，人们发现这种负相关性在极端市场环境下可能会发生逆转。从本质上讲，这种逆转的机制源于股票和债券这两类资产的高阶矩特征发生了动态的耦合。高阶矩特征，包括偏度和峰度，描述了资产收益分布的形状和尾部特征，这些特征在市场压力下可能会表现得不同寻常。为了更好地理解和预测这些特征表现出的状况，研究者开始构建高阶矩协偏度与协峰度矩阵。这些矩阵能够捕捉到不同资产之间的高阶相关性,从而为资产配置模型提供更为丰富的信息。通过这些模型,投资者可以提前预判尾部风险的传染路径,即在市场出现极端波动时,哪些资产可能会受到更大的影响。在危机发生时,资产配置模型能够实现更智能的动态再平衡,帮助投资者及时调整投资组合,以应对市场中的不确定性,从而在动荡的市场环境中保持稳健的投资策略。

在气候金融领域,高阶矩建模的引入已经开辟了全新的研究与应用维度。由于气候转型风险所具有的左偏特征——变化过程相对缓慢但潜在地伴随着剧烈的政策冲击,物理风险表现出尖峰厚尾属性。尖峰厚尾事件指的是那些低概率但极端的天气事件,这要求我们对定价模型进行革新,以突破传统风险维度的限制。基于高阶矩调整的气候压力测试方法,能够更准确地评估碳中和转型过程中对资产估值产生的非线性冲击,从而为投资者和决策者提供更为精确的风险评估工具。

对行为高阶矩模型的深入探索和研究,揭示了认知偏差的量化路径,为理解人类决策过程中的非理性因素提供了新的视角。通过将处置效应量化为负偏度偏好,行为金融学家能够更精确地描述投资者在面对潜在损失时的非理性行为。同时,将过度自信建模为峰度误定价,行为金融理论得以更全面地融入资产定价方程中,从而为金融市场的异常现象提供了一种新的解释框架。神经金融学实验进一步发现,投资者对高阶矩风险的大脑神经响应强度,可以有效地预测其实际投资组合的偏度暴露水平。这种基于生物学证据的研究成果,为高阶矩定价夯实了微观基础,使我们能够从神经科学的角度理解投资者在金融市场中的行为模式。

5. 资产定价机制分析

金融市场的资产定价机制，本质上是人类集体智慧与有限理性交织形成的复杂适应系统。在这个系统中，价格不仅是数字的跳动，更是无数信息碎片、风险判断与资金流动共振出的能量图谱。传统理论将定价机制简化为寻找供需曲线的交点，但真实市场的价格形成过程远比静态均衡模型所描绘的更为精妙。从纽约证券交易所的电子订单流到上海陆家嘴的基金经理决策，从区块链上的智能合约执行到对冲基金的量化算法博弈，资产定价机制在微观行为与宏观秩序的碰撞中持续进化。这种进化既遵循经济学的基本规律，又不断突破着人类认知的边界，塑造出充满张力与不确定性的现代金融生态。在金融市场中，资产的定价过程是一个动态且复杂的互动过程，涉及市场参与者的行为、心理以及市场信息的传播和处理。每一个交易决策，无论是基于基本面分析还是技术分析，都是对市场信息的一种解读和反映。这些决策汇聚起来，形成了市场的集体智慧，影响着资产价格的波动。同时，由于市场参与者认知的局限性，他们的决策往往带有有限理性，这使资产定价机制更加复杂多变。

信息传递与价格发现

资产定价机制的核心功能在于将分散在市场中的各种信息有效整合并转化为连续的价格信号。根据有效市场假说，这一过程被理想化为一个瞬时反应。然而，在现实世界中，价格发现实际上是一个充满摩擦的渐进过程。订单簿的微观结构就像一个精密的信号处理器，买卖双方提交的限价单构成了信息传递的物理载体。做市商的报价调整、高频交易者的订单流解析以及机构投资者的大宗交易，都在不同的时间尺度上参与了信息解码的过程。这种多层次的价格发现机制，使市场能够同时处理宏观政策的变动与公司财报的细节，将这些多维的信息压缩成一维的价格序列。

信息不对称现象在市场中对定价机制产生的扭曲影响是持续且深远的。内部人交易、分析师预测的偏差以及社交媒体上各种噪声信息，共同构成了一个复杂的信息生态系统的灰色空间。在这个空间中，信息的真实性和准确性往往难以辨识，这为市场参与者带来了挑战。然而，市场本身具有自我调节的能力，能够通过价格动量和反转效应来实现自我修正。知情交易者通过早期的交易行为来引导价格趋势，而套利者则通过介入市场来推动价格向其基本面价值回归。这种动态平衡的结果是，定价机制既不会完全有效，也不会完全无效，而是在半强式有效市场内不断震荡，寻找平衡点。随着监管科技的不断进步，例如自然语言处理技术在财报电话会议中的实时解析应用，信息传播的路径正在被重塑。这些技术的进步有助于压缩内幕信息的生存空间，提高市场信息的透明度和公平性，从而对定价机制产生积极的影响。

在金融市场的定价机制中，市场预期起着至关重要的作用，它类似于量子力学中的叠加态。投资者对未来市场的各种预期，可以被比喻为一种概率云，而资产的价格则是这种概率云在观测时波函数坍缩的结果。无论是央行政策声明中故意使用的模糊措辞，还是地缘政治风险的不确定性，抑或是技术创新路线的多种可能性，都在资产定价的过程中引入了叠加态预期。当市场上的参与者达成某种共识时，波函数就会坍缩，形成一个确定的价格。然而，一旦有新的信息注入市场，概率云就会重新分布，波函数就会再次进入叠加态。这种基于量子化认知模型的分析，更加贴切地反映了真实市场中价格变动的非线性特征，它揭示了价格波动背后的复杂性和动态性。

风险定价的动态平衡

在资产定价的过程中，风险与收益之间的权衡始终是一个核心议题。随着金融市场的不断发展，风险的含义也在不断地扩展和深化。传统的 β 系数曾经是衡量市场风险的主要工具，现在已经被更为复杂和多维的风险因子定价模型所取代。在现代金融体系中，风险的范畴已经变得非常广泛，包括但不限于利率风险、信用风险、流动性风险、操作风险以及日益受到关注的气候风险等。这些风险构成了一个复杂的风险光谱，每一种风险都有其特定的定价逻辑和方法。例如，信用违约互换的价差能够动态地反映违约概率的变化，而 VIX[①] 则被用来量化市场的恐慌情绪。此外，碳期货价格的变动可以看作对气候政策风险的一种折现。因此，现代金融工具的创新历程，从某种意义上讲，就是风险定价维度不断细化和深化的过程。

风险偏好的周期性波动对定价机制产生了深远的影响。在经济扩张阶段，投资者的风险容忍度往往会有所提升，这会使成长股的远期现金流折现率下降，进而推动了估值倍数的扩张。然而，当经济衰退的阴影开始笼罩时，流动性溢价会飙升，安全资产则会出现非理性的溢价现

---

① VIX 是芝加哥期权交易所使用的市场波动性指数。

象。这种周期性的波动不仅体现在资产类别的层面上，还深入渗透到了因子投资的领域中。例如，质量因子、低波动因子等防御性因子在经济下行期往往能够获得超额收益，这实际上反映了市场对于风险补偿要求的一种结构性调整。

尾部风险的定价失效构成了整个金融系统的系统性隐患。在传统的定价模型中，那些被称为"黑天鹅"的极端事件的处理效率非常低，这主要是因为历史数据中极端事件的记录相对较少，以及人们在认知过程中倾向于连续性偏好，导致对这些罕见事件的预测和评估存在困难。尽管压力测试和情景分析被设计用来弥补传统模型在处理极端事件时的不足，但这些方法仍然依赖于一系列假设，而这些假设的局限性往往难以彻底消除。在衍生品市场中，波动率曲面和偏度交易被用来为尾部风险提供市场化定价工具，然而，这种"风险交易的风险"本身可能成为新的不稳定源，增加了市场的复杂性和不确定性。2008年金融危机期间，CDO平方①的链式反应，正是尾部风险定价复杂化所付出的惨痛代价，这一事件凸显了在金融产品创新过程中对尾部风险进行有效定价的重要性。

金融资产的流动性

在金融市场的复杂动态中，流动性的时空异质性扮演着至关重要的角色，它深刻地影响并塑造着资产价格的微观结构。买卖价差这一概念不仅是一个简单的交易成本度量指标，还反映出市场中信息不对称程度

---

① CDO平方（CDO^2）指对担保债务凭证（Collateralized Debt Obligation，CDO）进行再证券化形成的复杂衍生品，其核心含义是通过二次嵌套结构放大风险与收益。

的微妙变化，就像一个灵敏的温度计一样，买卖价差能够揭示市场信息流动的细微差异。在那些流动性充裕的市场环境下，即便是大额的订单也能够被市场迅速而平稳地吸收，不会对价格造成显著的冲击；相反，在流动性稀缺或枯竭的市场中，即便是微小的交易量，也可能触发价格的剧烈波动，甚至引发价格崩盘。这种流动性对价格影响的非线性特征，使流动性本身成为一个独立的风险定价因子。在金融危机或市场动荡的时期，流动性状况往往成为主导资产价格重定价过程的关键因素，影响着投资者的决策和市场的整体表现。

在当前的金融市场中，市场分层现象变得越来越明显，这直接体现了流动性分布的幂律特征。核心蓝筹股作为市场的重要组成部分，能够享受全天候的流动性供给，而那些处于市场边缘的证券则长期处于流动性荒漠之中。这种市场上的分化现象，不仅反映了市场效率的高低，而且揭示了资本配置过程中所体现的选择性机制。作为一种补偿机制，流动性溢价补偿了投资者因选择投资机会而产生的机会成本，从而推动资金向那些效率更高的资产聚集。然而，在交易所交易基金主导的被动投资时代，流动性幻觉可能会掩盖底层资产的真实风险。一个典型的案例就是2010年发生的美股闪崩事件，这一事件充分展示了流动性错配所带来的严重后果。

中央对手方与做市商制度构成了流动性供给的双引擎。做市商通过存货模型与信息模型动态调整其报价，在赚取买卖价差的同时，也致力于维护市场的连续性；而中央对手方则通过实施多边净额结算以及建立违约基金，有效降低了交易对手风险对流动性的侵蚀。这两种机制在正常市场条件下共同确保了定价机制的平稳运行。然而，在极端压力情景中，做市商可能面临资产负债表的约束，同时中央对手方的风险瀑布机制也可能暴露出其局限性，二者同时发生可能会引发流动性螺旋式枯竭，对市场的稳定性构成威胁。

资产定价的理性困境

行为偏差在金融市场的定价机制中扮演着一个具有自反性特征的角色。具体来说，羊群效应导致了价格趋势的自我强化，这种强化作用会持续进行，直至资产的估值完全脱离其基本面价值。此外，处置效应的存在造成了错误定价的持续性，使动量因子与反转因子之间形成了周期性的轮动现象。值得注意的是，这些非理性行为并不是简单的市场噪声，它们实际上是定价机制的一个有机组成部分。这些行为通过制造定价偏差，实际上为市场参与者创造了套利机会，而这些套利活动最终会促使价格向其均衡状态回归。

认知框架效应重塑风险定价模式。在金融市场的运行中，投资者对信息的处理并非完全客观中性，而是受到各种认知约束的影响，如心理账户、锚定效应等。这些认知偏差使投资者在解读相同的信息时，会根据不同的市场情绪和背景，给出截然不同的解释。例如，当市场处于牛市时，盈利增长信息往往被解读为公司成长性的有力证明；而在熊市中，同样的信息则可能被视为利好消息的终结，从而影响投资者的决策和市场的定价机制。这种解释的弹性导致定价机制具有路径依赖性，即价格的形成和变动往往受到先前市场走势和投资者心理状态的影响。神经金融学的实验进一步揭示了这一现象背后的神经机制。研究发现，当股价突破关键的整数关口时，投资者大脑边缘系统的激活程度显著增强。这表明价格数字本身具有独立于公司基本面的心理定价功能，即价格的整数关口能够触发投资者的情绪反应,进而影响其投资决策和市场的整体定价。

社会学习机制在加速定价共识形成方面发挥了显著作用。得益于社交投资平台和财经自媒体的广泛应用和传播,信息的传播速度呈现惊人的指数级增长态势。这导致市场预期的形成周期大大缩短,从以往的以月为单位缩短至现在的以小时为单位。这种超高速的共识构建过程不仅显著提高了定价的效率,同时也增加了群体性误判风险。以 GameStop 事件为例,散户投资者的协同行动展示了分布式决策网络突破传统定价机制限制的可能性,开辟出一条新型的价格形成路径。

资产定价的技术重构

在现代金融市场中,算法交易正在重塑价格发现的时空秩序。高频做市算法能够在微秒级的时间尺度上捕捉到市场流动性失衡的瞬间,而统计套利模型则在分钟级的周期内深入挖掘各种因子的溢价机会。与此同时,机器学习策略在日频维度上不断优化特征组合,以期达到最佳的交易效果。这种多层级的算法生态系统,实际上将定价机制分解为一系列并行的子过程,从而使传统的人类决策节奏在这一过程中被彻底边缘化。事实上,价格波动中超过 80% 的交易日收益率可以被算法交易所解释,这充分证明了机器智能已经成为定价机制中的主导力量。

当前,区块链技术正在经历一场深刻的变革,研究者正在尝试利用这种技术对定价机制进行去中心化的重构。这种尝试的核心是自动做市商的概念,它利用恒定函数来取代传统的订单簿系统,从而实现了流动性池机制。这种机制的出现,彻底打破了传统的买卖价差模式,为价格的形成带来了全新的方式。不仅如此,这种变革还重新定义了市场参与者的角色,流动性提供者与价格发现者的身份开始发生融合,形成了一个全新的市场生态。然而,在 DeFi 领域,闪电贷攻击事件揭示了这种新型定价机制的安全漏洞。尽管如此,这些事件也展示了区块链技术中"代码即法律"的自治前景,即通过智能合约实现自动化和去中心化治理。

量子计算技术的飞速发展,已经开始对定价机制产生革命性的影响。随着组合优化问题求解速度的显著提升,我们已经能够看到千亿元资产级别的实时最优定价成为现实的可能性;蒙特卡洛模拟的量子加速技术的应用,有望将风险价值的计算时间从数小时缩短至数秒;而量子神经网络在捕捉市场混沌特征方面的潜力,可能会突破传统经典机器学习方法在数据依赖方面的限制。量子霸权一旦得到全面实现,资产定价机制可能将迈入一个超并行计算的新时代,这将给传统定价理论中根深蒂固的线性思维基础带来根本性的挑战。

全球化经济环境中的资产定价

在全球化的经济环境中,跨境资本流动构建了一个错综复杂的立体定价网络。离岸美元市场的利率定价权在很大程度上影响着新兴市场债券的收益率,而 A 股市场被纳入 MSCI 指数则引发了全球资金的重新配置。此外,比特币价格已经成为衡量另类资产风险情绪的一个重要指标。这种跨市场的定价关联不仅为市场参与者提供了套利的机会,也可能放大风险的传染效应。一个典型的例子是 2015 年的瑞郎与欧元脱钩事件,这一局部定价机制的失效导致了全球外汇市场的巨大震动,从而证明了局部定价机制的失效可能会触发整个金融系统的系统性重构。

货币政策的溢出效应正在深刻重塑全球资产定价的锚点。美联储的资产负债表规模已经与全球范围内的风险资产估值紧密相连，而中国人民银行的中期借贷便利利率调整则直接影响着亚太地区的信用债券利差。这种政策的外溢性使本土资产定价机制不得不考虑一个全新的因素，即所谓的"全球央行看跌期权"因子。在这样的背景下，市场参与者对政策拐点的预测和博弈变得越来越重要，甚至成为资产定价过程中的主导力量。央行数字货币的逐步推行，未来可能会使跨境支付和清算体系产生变革，从而重构全球资产定价的流动性基础。

ESG 迅速兴起，已经成为不容忽视的新型定价维度，这一点在当前的经济环境中变得越来越明显。欧盟碳边境调节机制的实施正在重构大宗商品的定价逻辑，使绿色溢价成为反映气候政策风险的重要指标。同时，社会声誉成本也被越来越多地纳入企业的估值模型中。这种非财务要素的定价内化，实际上标志着资产定价机制正在从纯粹的经济计算向综合价值评判的范式转变。然而，ESG 评级的主观性以及区域性差异，也给全球定价共识的建立带来了新的挑战。

6. 金融资产定价的困境

金融资产定价的本质，实际上是一场永无止境的认知突围战。从华尔街的交易终端到北京金融街的研报模型，从日内高频的算法博弈到跨世纪的经济周期循环，定价行为始终在理性与疯狂、秩序与混沌的边界摇摆不定。理论模型的优雅假设与市场的混沌现实之间，横亘着难以弥合的认知鸿沟；数学语言的精确表达与人类决策的非线性特征之间，产生出永恒的张力。这种困境既源于金融系统固有的复杂性，也映射出人类认知能力的根本局限。当定价模型在样本内拟合与样本外预测间顾此失彼，当市场异象持续挑战理论预言，当技术创新不断重塑定价机制的底层逻辑，金融资产定价的深层困境愈发凸显，已然成为现代金融学的核心难题。这一过程不仅涉及对市场动态的深刻洞察，还要求我们不断更新和优化理论框架，以适应不断变化的金融市场环境。在这一过程中，我们不断地在理论与实践之间寻求平衡，试图找到能够解释和预测市场行为的普适性原则。然而，金融市场的多变性和不确定性，使这一目标始终充满挑战。因此，金融资产定价不仅是一项技术活动，更是一场关于智慧和洞察力的较量，它要求我们不断地学习、适应，并在认知的边界上不断突破。

理论模型的困境

CAPM 所面临的困境源于其理想化假设的瓦解。该模型在理论上构建了一个完美的市场环境，其中市场组合是可观察的，所有投资者均持有相同的市场组合，并能够以无风险利率进行借贷。然而，在现实世界中，市场组合的可观察性问题如同悬在理论头顶的达摩克利斯之剑——当现实中的投资者无法持有理论上的市场组合时，β 系数的定价功能便失去了其基础。更为严峻的是，模型对单一风险因子的依赖与市场异象的持续出现形成了尖锐的对立：低波动股票悖论、动量效应、价值溢价等现象，无情地揭示了系统性风险的多元本质。即便通过引入多因子模型进行修补，因子选择的任意性与数据挖掘的嫌疑始终如影随形。Fama－French 三因子模型的成功反而暴露了理论建构的脆弱性——当规模因子与价值因子被证明具有时变特征时，模型的普适性便遭遇了根本性的质疑。这一发现迫使我们重新审视 CAPM 的有效性，并探索更加复杂和现实的资产定价理论。

APT 的困境深藏于其理论弹性之中，这一理论虽然在数学上得到了完美证明，但当它被转化为实证模型时，却不可避免地陷入了因子选择的无限迷宫。宏观经济因子、技术指标因子、行为金融因子等轮番登场，使 APT 沦为一场"因子军备竞赛"的战场。更致命的是，无套利条件的现实约束远比理论假设要强得多：交易成本、卖空限制、资金约束等摩擦因素，使理论上的套利机会往往无法转化为实际收益。这种理论与实践的割裂，导致 APT 在解释市场异象时总是显得力不从心，最终退化为事后的统计解释而非先验的定价框架。

在金融领域，高阶矩模型的探索和应用一直是一个充满挑战的课题。当研究者试图将偏度、峰度等非线性风险因子纳入资产定价方程中时，他们发现模型的复杂性会以指数级的速度增长。这种复杂性的增加并没有带来相应的解释力提升，反而呈现出边际递减的趋势。投资者对高阶矩风险的主观感知是难以用精确的数值来量化的，而市场对尾部风险的定价也表现出显著的时变性，这些现实中的挑战使高阶矩模型始终在学术研究的象牙塔与实际交易的实战应用之间摇摆不定。更令人头疼的是，高阶矩估计对极端事件的强烈依赖性使模型参数极不稳定，这导致在市场平静期与动荡期，模型的预测表现往往大相径庭，仿佛是两个截然不同的模型。

市场现实情况的复杂性

流动性悖论是资产定价领域中一个长期存在的难题。在理论模型中，流动性往往被假设为一个不变的外生变量。然而，在实际市场中，流动性是一个动态变化的内生变量，它与资产价格之间存在着复杂的双向互动关系：在市场处于繁荣阶段时，充足的流动性往往会导致风险溢价的降低，进而可能催生出资产的估值泡沫。然而，在市场遭遇危机时，流动性可能会迅速蒸发，导致资产价格的急剧下跌。这种流动性与资产价格之间的动态互动特征，使任何静态的资产定价模型都难以准确捕捉到流动性对资产定价的真实影响。特别是在高频交易成为市场主导力量的今天，流动性供给的算法化趋势进一步增加了定价机制的不可预测性，做市商使用的算法能够在微秒级别迅速调整报价，这种快速的报价调整有可能触发更大规模的流动性共振效应，从而在分钟级别上对市场产生显著影响。

信息不对称就如同一个幽灵，是资产定价领域里始终无法驱散的阴影。尽管监管科技在不断发展，信息披露制度也日益完善，但内幕信息、预期操纵、数据噪声等问题始终如附骨之疽，难以根除。市场参与者的信息处理能力呈现幂律分布：一方面，量化基金通过卫星图像解析零售流量，利用高科技手段获取信息优势；另一方面，散户投资者却被困在社交媒体的信息茧房，难以获得全面准确的市场信息。这种信息鸿沟不仅扭曲了价格发现机制，更催生出新型市场异象。当信息优势方通过衍生品市场进行风险对冲时，现货与期货市场的定价联动可能完全脱离基本面逻辑，导致市场出现非理性的波动。

行为偏差的群体效应持续地解构着理性定价假设。前景理论揭示的损失厌恶特征使投资者对下行风险的定价显著高于理论预测；而锚定效应则使历史价格成为非理性决策的参照系。社会学习机制的加速作用，使错误定价的传染扩散现象更加明显。这些行为因素并非仅仅是市场噪声,而实际上是定价机制的有机组成部分。当足够多的投资者共享相同的认知偏差时,非理性的定价行为就会转化为市场上的理性均衡状态。GameStop 事件中散户投资者的协同行动,证明了群体智能可能突破传统定价模型的解释边界,展现出市场行为的新维度。

技术革命的冲击

算法交易已经彻底改变了价格发现的时空秩序。在这一新兴领域里,传统的连续竞价机制已不合时宜——尤其是在面对纳秒级的高频交易时。通过深入分析订单流的微观结构,研究者发现超过 70% 的日内价格波动实际上是由算法之间的交互作用所引发的。这种由机器主导的定价机制,导致了人类难以理解的复杂波动模式。闪电崩盘、流动性黑洞、动量溃散等现象的出现,揭示了算法同质化可能带来的系统性风险。当定价权从人类手中转移到机器学习模型时,模型的可解释性危机便直接转化为定价机制的黑箱化,使市场参与者面临前所未有的挑战。

当前,区块链技术正在经历一场定价机制的范式革命。在去中心化金融领域中,自动做市商模式的出现,标志着一种全新的流动性池定价模式的诞生。这种模式通过使用恒定函数来取代传统的订单簿系统,从而开创了价格发现的全新途径。然而,这种创新并非没有代价。无常损失现象的出现,严重挑战了做市商传统的收益逻辑,使它们的收益变得不稳定。同时,流动性挖矿的兴起,导致了风险定价机制的扭曲,使市场参与者在追求收益的同时,可能忽视潜在的风险。此外,智能合约中潜在的漏洞,也成为系统性风险的潜在来源。更进一步,代币经济模型的引入，将治理权、收益权、投票权等传统金融领域中不可分割的要素通过证券化的方式带到区块链世界中，这在创造了全新的多维定价空间的同时，也使传统的定价理论难以完全涵盖这些新兴的金融现象。

量子计算所带来的潜在威胁正潜伏在定价系统的底层架构之中。Shor 算法作为一种量子算法，对传统的 RSA 加密体系构成了严重的破解威胁，这可能会导致现有金融安全基础设施的崩溃。此外，量子随机数生成器的出现，将有可能彻底改变衍生品定价的波动率模型，因为它们能够提供传统计算方法难以比拟的随机性。量子机器学习技术在高维因子空间的探索，可能会揭示出全新的定价规律，这些规律在传统计算框架下是难以被发现的。这些技术的跃迁不仅对现有定价体系的稳定性构成了威胁，更有可能从根本上改写人们对金融风险的数学定义，从而对整个金融行业产生深远的影响。

全球化环境下的定价难题

跨境资本流动编织出危险的定价网络。新兴市场资产的美元定价锚定效应使美联储的货币政策成为全球风险资产的隐性定价因子。这种不对称依赖在美元流动性紧缩时期会引发灾难性后果：2013 年的缩减恐慌中，美债收益率仅发生了轻微波动，却造成了新兴市场的各类资产集体重定价。数字货币市场的全球 24 小时连续交易更将这种联动效应推向极致——比特币价格同时反映美国监管动态、中国矿工迁移、欧洲机构配置等多重力量的博弈。这种全球性的资本流动和定价机制，不仅影响着单一国家和地区的经济稳定，还可能对全球金融市场的健康运行构成威胁。当全球投资者对某一货币或资产的信心发生动摇时，这种不稳定性会迅速蔓延，导致资本大规模流动，进而影响其他市场的定价和稳定性。因此，全球金融监管机构需要密切关注跨境资本流动的动态，以及其对新兴市场资产定价的影响，防范可能的风险。

在 ESG 日益受到关注并不断发展的同时，人们面临一种新型的定价难题。碳价格的上升对传统能源的估值产生了显著的压制效应，绿色债券的溢价形成机制也变得越来越复杂，而社会声誉风险的量化定价则进一步挑战了传统定价模型的解释能力。然而，ESG 评级的主观性以及区域性差异，使同类资产在不同标准下面临悬殊的定价问题。当前，欧盟的碳边境调节机制与中国提出的"双碳"目标之间形成政策上的博弈，全球大宗商品的定价体系正陷入一种前所未有的分裂状态。

地缘政治风险的非线性定价给金融市场带来挑战。在传统的风险模型中，地缘政治的冲击往往被视为外生事件，然而，在现实世界中，政治风险已经深度内嵌于资产定价机制之中。例如，俄乌冲突所引发的能源定价重构、中美之间的战略博弈导致的技术脱钩溢价等地缘政治要素的定价化趋势，使资产价格成为大国之间博弈的金融镜像。当政治逻辑在决策中占据主导地位，超越了纯粹的经济理性时，任何现有的定价模型都将面临失去其预测效力的终极挑战。

第 5 章
新兴市场的风险管理和资产定价

1. 绿色资产的金融风险分析

绿色资产的兴起不仅标志着金融体系与地球生态系统之间实现了历史性握手，也象征着人类社会对可持续发展和环境保护的深刻认识与积极行动。从绿色债券的蓬勃发展，到碳信用市场的指数级扩张，再到 ESG 基金的资产沉淀，以及可再生能源项目的资本狂欢，可持续金融正在以一种前所未有的方式重塑全球资本配置的底层逻辑。然而，在这片看似生机勃勃的新大陆上，却潜藏着与传统资产截然不同的风险。政策承诺的波动性、技术路径的不确定性、环境效益的测算迷雾，以及市场共识的脆弱性，共同构成了绿色资产独特的风险图谱。这些风险既根植于气候转型的宏观叙事，又深嵌于金融市场的微观结构，在理想主义与现实主义之间织就了一张复杂的风险网络。投资者和决策者必须认识到，绿色资产的管理与评估需要一套全新的框架和工具，以适应这些新兴风险的特性。同时，对于监管机构而言，制定有效的政策和标准，引导资本流向真正可持续的项目,是推动绿色资产健康发展的关键。只有这样,我们才能确保绿色资产不仅在财务报表上具有吸引力,而且在环境和社会效益上也能达到预期目标,从而为全球可持续发展贡献力量。

政策锚点的脆弱性

绿色资产的估值根基紧密地锚定于气候政策的连续性和稳定性。碳定价机制、可再生能源补贴、污染排放标准等政策工具,构成了绿色溢价的核心支撑。然而,当政治风向发生突变时,这种对政策的依赖便可能转化为一种致命的风险。例如,美国清洁电力计划的立法反复、欧盟碳边境调节机制的博弈困境、中国绿证交易市场的流动性困局,这些情况无不揭示了政策承诺的易变性。这种风险具有非线性传导的特征:政策调整的预期可能会引发贴现率模型的参数震荡,从而导致绿色资产估值在短期内出现剧烈波动。更隐蔽的风险在于政策套利空间的收窄——随着各国碳市场逐渐趋同,跨境政策差异带来的套利收益将不可逆地衰减,这将削弱绿色资产的超额收益基础。

监管标准的碎片化现象加剧了政策风险,这一点在绿色债券市场尤为明显。不同地区的绿色债券认证标准存在显著差异,例如,欧盟推出的《可持续金融分类方案》与中国发布的《绿色债券支持项目目录》之间就存在兼容性冲突。这些差异导致在不同国家和地区发行的绿色债券在认证和认可方面面临挑战。此外,碳核算方法的版本迭代也产生了新的问题,比如温室气体协议书对范围三排放计量的变更,使企业需要不断更新其碳排放数据和报告方法,增加了企业的合规成本。ESG 评级体系的矛盾结论进一步将问题复杂化,例如,MSCI 和 Sustainalytics 这两家知名的评级机构对同一企业的评级结果有时截然相反，这使投资者难以依据单一评级来作出投资决策。这些制度摩擦不断侵蚀着绿色资产的定价共识，导致投资者在多重标准之间疲于奔命。最终，考虑到合规的复杂性，投资者可能会选择用流动性折价来降低风险，这形成了所谓的"绿色溢价悖论"：那些环境效益显著的资产，反而因认证成本过高而丧失了市场吸引力，难以获得其应有的市场价值。

地缘政治的复杂性对气候政策产生了深远的影响，这种影响创造出了新型的风险维度。以俄乌冲突为例，这场冲突引发了全球范围内的能源安全焦虑，特别是欧洲地区的感受尤为强烈，这导致德国不得不重启煤电项目，以确保能源供应的稳定性和安全性。与此同时，中美之间的战略博弈也对光伏产业链产生了重大影响，导致全球清洁能源技术成本曲线的陡峭化，使清洁能源技术的推广和应用面临更大的经济压力。此外，发展中国家在气候融资承诺的兑现上遭遇困境，这不仅影响了它们自身的减排目标，也对全球碳市场的完整性构成威胁。这些地缘政治的扰动，使气候政策不再仅仅是一个技术议题，绿色资产因此获得了类似大宗商品的地缘风险溢价，反映出市场对这些风险的担忧和预期。当能源自主权的重要性压倒了减排目标时，绿色资产的估值模型将不得不纳入一个新的因子——政策逆转概率，这将彻底重构风险定价的逻辑，使投资者在评估绿色资产时，必须考虑到政策变动带来的不确定性。

技术路径的陷阱

在绿色转型的道路上，技术路线之间的竞争日益激烈，引发了一系列颠覆性的变化。氢能源技术与电池储能技术之间的激烈竞争、碳捕获技术与自然碳汇技术之间的技术博弈，以及小型模块化核反应堆技术与聚变能研发之间的动态变化，逐渐成为绿色资产估值的波动性来源。在这种情况下，投资者不得不进行多维度的权衡：他们可能会选择支持主流技术，以期获得先发优势和潜在的先行者红利，但也可能因技术的突然变革而面临资产搁浅的风险。以海上风电项目为例，其长达 25 年的运营周期与光伏电池效率每 18 个月就可能经历一次革新周期的现实，生动地展示了绿色基础设施投资在技术时效性方面所面临的困境。

技术成本曲线的非线性演变过程，实际上制造出了预期管理上的诸多难题。在过去 10 年间，光伏组件价格降幅达到了惊人的 82%，这一变化极大地重塑了可再生能源的经济性。然而，未来成本下降的空间收窄已经成为一个普遍的共识。当学习曲线效应开始趋缓时，绿色资产的现金流预测模型面临着系统性修正的风险。更令人担忧的是，关键矿物供应链的脆弱性，例如锂、钴、稀土元素的供给集中度，可能会逆转技术成本下降的趋势。刚果（金）钴矿开采争议引发的 ESG 风险溢价、中国稀土出口管制触发的技术替代压力，这些供给侧的冲击使绿色技术成本模型必须纳入对地缘政治要素的考量，并通过蒙特卡洛模拟等方法进行更为复杂的预测。

技术锁定效应是产生长期风险隐患的关键因素。目前，对现有绿色技术基础设施的投资可能会在无意中阻碍更先进、更高效技术的商业化进程。一个显著的例子就是德国能源转型过程中出现的褐煤电厂与风电场并存的困境，这充分展示了路径依赖风险的现实影响。在金融领域，这种依赖性风险具体表现为：早期对绿色资产进行投资的投资者，可能会因技术的快速迭代，而不得不面对资产减值的损失。以氢能重卡技术的成熟为例，一旦该技术得到广泛应用，目前广泛部署的电动重卡充电网络的投资回报率可能会遭受剧烈的冲击，出现断崖式的下跌。因此，面对技术代际跃迁所带来的风险，人们迫切需要开发全新的金融对冲工具来管理和缓解这些潜在的财务损失。

环境效益的测算难题

在当前的碳核算方法论中，存在诸多不确定性因素，这些因素正在侵蚀着绿色资产定价的基础。具体来说，温室气体协议书范围三排放的计量模糊性、碳汇项目的额外性争议以及碳信用额度的重复计算风险，这些都使环境效益的金融化转换过程充满了争议和不确定性。例如，Verra等碳信用认证机构频繁更新其认证方法，导致已发行碳信用的追溯性贬值风险。这种所谓的"碳计量风险"在金融市场中的表现尤为明显，显著体现在碳期货合约价格与现货价格之间的基差异常波动上。这种波动反映出市场参与者对碳资产真实环境价值的持续质疑和不确定性。

自然资本定价的复杂性制造出新型模型风险。红树林保护的碳封存价值、生物多样性保护的生态系统服务价值、水资源管理的经济价值，这些自然资本的货币化尝试依赖于高度假设化的定价模型。当学术研究推翻生态服务价值系数时，相关绿色资产的估值模型将被迫全面重构。这种科学认知进步带来的价值重估风险，在传统资产定价中几乎不存在。此外，自然资本的定价还涉及跨学科的知识整合，包括生态学、经济学以及统计学等领域的专业知识。专家们必须跨领域合作，以确保定价模型能够准确反映自然资本的真实价值。然而，由于自然资本的复杂性和动态变化性，即使是最先进的模型也难以完全捕捉到所有相关变量及其潜在的相互作用。因此，模型风险不仅限于科学认知的改变，还包括模型设计和实施过程中的不确定性。

绿色溢价的双向波动性颠覆了传统风险模型的稳定性。以特斯拉为例，其碳排放积分收入占总利润的比重经历了剧烈的波动，从2020年的21%骤降至2023年的4%，这一变化凸显出环境效益金融价值的不稳定性。同时，欧洲碳配额价格在能源危机期间遭遇了腰斩，价格的大幅下跌进一步说明了绿色溢价受到市场因素的强烈影响。此外，绿色建筑认证溢价的波动也随着利率周期的起伏而变化，这些现象共同证明了环境效益的金融价值是受多重市场因素制约的。传统的折现现金流模型在评估这些非线性关系时显得力不从心，难以准确捕捉绿色溢价与宏观经济变量（如利率、通胀、能源价格）之间的复杂互动，从而导致系统性估值误差的积累。

市场深度的结构性缺陷

在绿色资产二级市场中，我们可以观察到一个显著的问题，即流动性不足，这导致了隐性成本的增加。尽管绿色债券的发行量已经突破了万亿美元大关，然而，其日均交易量却不到传统公司债券的三分之一。这种流动性不足导致的折价现象，在经济危机或市场动荡时期表现得尤为明显。以2022年美联储加息周期为例，绿色债券的买卖价差扩大幅度是同类普通债券的2.5倍之多。这种情况的出现，很大程度上是因为做市商在管理绿色资产存货时采取了更为保守的策略。他们之所以这样做，是因为绿色资产面临ESG评级下调的风险，而这可能会引发突发性的大量抛售。由于这种流动性结构的缺陷，投资者往往被迫采取"持有至到期"的策略，这在很大程度上削弱了绿色资产市场的价格发现功能。

碳市场分割导致的流动性碎片化加剧了定价的扭曲现象。在欧盟碳市场、中国全国碳市场、美国加州碳市场之间，长期存在着显著的价格差异。然而，由于政策的限制，跨市场套利活动难以顺利进行。这种市场之间的割裂不仅阻碍了全球碳价的收敛趋势，还导致了风险管理工具的缺失。在区域性碳价因为政策调整而出现剧烈波动的情况下，由于缺乏有效的期货和期权产品作为对冲工具，投资者只能被动地接受价格波动带来的风险。

在当前的金融市场中，新兴绿色资产类别由于市场深度不足，往往会导致其波动性被放大。比如，森林碳汇项目、蓝色债券、生物多样性衍生品等新型金融工具的日均交易量通常维持在较低水平，经常低于百万美元。这种市场浅层结构中的大宗交易行为，极有可能引起价格的剧烈波动。一个显著的例子发生在2023年，亚马孙雨林碳信用项目遭遇了一次大规模的抛售，结果导致该区域的碳价在单日内暴跌了惊人的37%。这种情况凸显了这些绿色资产的脆弱性。由于缺乏足够的流动性，做市商往往不愿意为这些小众的绿色资产提供持续的报价，这进一步导致了这些资产的流动性风险溢价远高于其基本面风险。这种高溢价反映了市场参与者对于这些绿色资产流动性的担忧，以及在市场深度不足的情况下，价格波动可能带来的潜在损失。

气候模型与转型路径的认知风险

在金融领域，气候情景分析的不确定性可能会转化为潜在的风险。央行等监管机构绿色金融网络提出了三种推荐的气候情景，包括有序转型、无序转型以及温室世界。然而,在实际应用这些情景进行分析时,金融机构面临着一系列重大难题。不同的气候模型对于同一排放路径下的温度上升预测存在显著差异,这种科学上的不确定性可能会导致转型风险压力测试的结果出现显著偏差。当金融机构在配置绿色资产时,它们实际上是在对气候科学共识进行风险押注,这无疑增加了金融决策的复杂性和风险。

临界点所代表的非线性风险正在颠覆传统的定价逻辑。随着全球气候变化的加剧,一些看似稳定的状态可能突然发生剧变,比如北极永久冻土的融化,不仅释放了大量的甲烷气体,还可能引发一系列不可预测的环境效应。同样,亚马孙雨林的退化不仅损害了当地的生物多样性,还可能导致全球大气环流模式的改变,进而影响整个气候系统。南极冰盖的崩塌则可能引起海平面的急剧上升,对沿海城市和生态系统构成巨大威胁。这些气候临界点的突破概率虽然难以精确量化,但它们一旦发生,可能会导致绿色资产的估值范式发生根本性的转变。当气候模型突然修正临界点的触发阈值时,可再生能源项目的洪涝风险模型、沿海绿色基础设施的海平面上升预测、农业碳汇项目的生态稳定性假设都将面临颠覆性的调整。这些调整不仅影响投资决策,还可能改变整个行业的运作模式,迫使政府和企业重新评估和制定应对策略,以适应新的环境风险。

在转型路径中,通过反馈回路所引发的新型系统性风险正逐渐显现。随着电气化进程的推进,市场对铜和锂等关键材料的需求显著增加,这促使了采矿活动的扩张。然而,这种扩张并非没有代价,它加剧了生物多样性的丧失,因为更多的自然栖息地被破坏以满足矿产资源的开采需求。此外，碳捕获技术的大规模应用虽然在短期内看似有助于减少温室气体排放，但可能在长期延缓了真正的减排行动，从而增加了气候风险。同时，生物能源作物的扩张导致粮食价格上涨，这不仅会影响全球粮食安全，还可能引发社会稳定性风险，因为粮食成本的上升会加剧贫困和不平等。值得注意的是，这些转型过程中产生的次生风险尚未被充分纳入绿色资产定价模型中，这说明在风险管理领域存在盲区，需要人们给予更多的关注和研究。

漂绿风险[①]与信任危机

当前，绿色认证体系中存在的一些漏洞正在逐渐孕育出系统性的信任风险。这些风险主要源于几个方面：一是第三方认证机构在实施认证时所采用的方法论存在缺陷，例如在清洁发展机制框架下，出现了所谓的"虚假额外性"问题，这导致了认证结果的不准确和不公正。二是企业在进行 ESG 报告时，往往会选择性地披露信息，这种做法使外界难以全面了解企业的环境和社会责任表现。三是在绿色债券资金的使用过程中，跟踪和监督的偏差问题也日益凸显，这进一步削弱了市场对绿色标签所代表的可持续性和环保承诺的信任。2023 年，德意志银行旗下的 DWS 集团被曝出其 ESG 基金存在"漂绿"行为，即通过夸大投资组合的绿色属性来误导投资者，这一事件引发了全球范围内的广泛关注。随后，ESG 基金在单月内遭遇了创纪录的资金流出，这一事件充分证明了信任危机一旦爆发，可能会迅速引发绿色资产的流动性螺旋，对

---

① 漂绿风险（Greenwashing Risk）指企业或组织通过虚假或误导性的环保宣传，夸大自身可持续发展实践的行为所面临的合规、声誉及法律风险，目前已成为全球 ESG 领域最突出的监管挑战之一。

整个绿色金融市场造成深远的影响。

在当前的市场环境中,数据可追溯性的技术瓶颈为漂绿行为提供了可乘之机。尽管区块链技术已经开始被应用于碳信用的追踪工作,但物联网设备的覆盖率仍然不足,这导致原始数据的可信度受到质疑。以印度尼西亚的"REDD+林业碳汇项目"为例,由于卫星监测存在盲区,相关数据的完整性和准确性难以得到保证。此外,在电动汽车领域,充电数据与绿色电力匹配之间存在时间差,这同样影响了数据的实时性和准确性。在绿色建筑领域,能耗数据的篡改漏洞也暴露出技术上的短板。这些技术上的不足,导致环境效益在金融化转化过程中出现了所谓的"数据漂移"风险。当市场参与者意识到绿色绩效数据存在系统性偏差时,可能会对涉及的整类资产进行重新定价,从而影响资产的价值评估和投资决策。

社会认知反转风险对绿色资产估值构成了潜在的威胁。当环保政策的实施导致民众生活成本显著上升(例如法国巴黎"黄背心"运动的起因)、气候行动的推进使得传统产业的工人面临失业的困境以及绿色技术的快速发展触及到生态保护的敏感区域时,社会舆论的态度可能会发生根本性的转变,从最初支持绿色转型转变为抵制和反对。这种认知上的反转不仅会影响公众的看法,还可能通过立法程序、消费者偏好、投资者情绪等多个渠道传导至绿色资产的价格上,从而在传统风险模型难以捕捉到的领域内形成一种社会政治风险溢价。这种溢价反映了市场对于社会政治因素变动的敏感性和不确定性,它可能会对绿色资产的长期价值和投资回报产生深远的影响。

2. 绿色资产的资产定价机制分析

绿色资产的定价机制，实际上代表着一场正在逐步展开的金融范式革命。随着碳信用逐渐成为资产负债表上的一个新科目，森林碳汇收益权实行证券化交易，以及可再生能源项目的未来发电量被拆分成各种衍生合约，传统资产定价理论正面临前所未有的认知挑战。绿色资产的定价过程不仅局限于现金流贴现与风险补偿的传统方法，还涉及环境外部性的内部化处理、政策承诺的折现、技术路径的博弈，以及人类对生态价值的集体心理定价等更为复杂的因素。这种复杂性使绿色资产的定价机制既是对传统金融理论的继承，也是对经济学边界的突破性挑战。在全球范围内对碳中和目标形成共识的背景下，绿色资产的价格发现过程，实质上是人类社会对可持续发展的美好未来进行集体贴现的金融实验，它预示着未来金融市场将发生重大变革。

政策驱动的定价

在评估绿色资产的价值时，政策承诺的可信度与持续性是核心要素之一。碳定价机制作为一种基础性的政策工具，其核心作用在于通过创造稀缺性，为环境价值提供了一条货币化的实现路径。以欧盟碳排放交易体系为例，其碳价的波动曲线实际上反映了市场对于气候政策力度以及经济转型成本的动态评估和定价结果。当碳价达到 100 欧元/吨的水平时，燃煤电厂的运营现金流将变为负值，与此同时，可再生能源项目的隐含回报率会自动提升。这种价格信号的传导机制，实际上重塑了能源资产的定价体系，对能源市场的投资决策产生了深远的影响。然而，政策锚点的脆弱性始终存在，它如影随形，对绿色资产的估值产生潜在的影响。例如，美国的《降低通胀法案》对清洁技术的税收抵免政策进行了调整，这一变动曾导致光伏股在单日内的波动幅度超过20%。同样，中国可再生能源补贴政策的退坡节奏，也直接决定了风光电站项目内部收益率曲线的形状。这种对政策变动的高度敏感性，要求绿色资产定价模型必须考虑一个重要的因素，即政策稳定性指数。运用蒙特卡洛模拟等量化工具，可以对立法僵局、政府更迭、国际协定破裂等情景的概率冲击进行评估，从而在模型中纳入这些不确定性因素，更准确地反映绿色资产的真实价值。

随着监管标准的不断演进，定价参数也在经历着持续的重塑。欧盟推出的《可持续金融分类方案》利用一系列技术筛选标准，清晰地界定了绿色资产的边界。这一方案实际上为环境效益在金融市场中设立了一个"计量单位"。那些符合分类标准的项目，通常能够享受到大约50个基点的绿色债券发行溢价。这种溢价的存在，实质上是市场对监管认证所赋予的一种信任定价。然而，随着标准的不断迭代更新，由此产生的重分类风险也不容小觑。例如，当核能与天然气在某个阶段被纳入欧盟的绿色分类时，相关资产的 β 系数就会发生结构性偏移。在这种情况下，估值模型中的环境风险溢价项就需要进行动态校准。这种制度摩擦成本在跨境投资中表现得尤为明显。由于不同司法管辖区的绿色标准存在差异，跨国公司不得不在其资产负债表中设立所谓的"监管套利准备金"，这实际上是一种将制度不确定性转化为可量化的定价因子的策略。

地缘政治的复杂性对绿色政策的实施产生了深远的影响，这种影响在某种程度上可以被视为对绿色政策的一种"绑架"，导致了新型风险溢价的产生。以俄乌冲突为例，这场冲突引发了全球范围内特别是欧洲地区的能源安全焦虑，作为应对措施，德国在2022年不得不逆势增加燃煤发电量，使德国的发电量增长了8%。这一变化对市场产生了很大的冲击，导致欧盟碳排放交易体系的碳价在短期内遭遇了高达40%的暴跌。这种地缘政治的冲击揭示了绿色资产定价机制中一个被称为"战略自主性折价"的问题。当国家安全目标变得比气候承诺更为紧迫时，碳价作为政策锚定的功能就会部分失效，无法有效地反映碳排放的真实成本。与此同时，发展中国家在面对气候融资承诺无法兑现的情况时，更倾向于采取自主减排行动。这种行动可能会导致官方碳市场与自愿市场的价差进一步扩大，从而催生出区域性的碳定价双轨制。这种双轨制，反映出全球气候治理的碎片化对资产定价产生的深刻影响，同时也揭示出在当前全球政治经济格局下，气候政策与地缘政治之间的复杂互动。

技术的不确定性

在当今世界，绿色技术路径的竞争实际上是对未来现金流定价权的争夺战。例如，氢能储能与锂电储能之间的技术替代弹性系数，直接决定了相关基础设施投资的资产久期。在当前的估值模型中，普遍采用实物期权法来处理技术不确定性问题，如在光伏电站项目的估值中，会包含技术迭代的"放弃期权"，而在碳捕获设施的投资中则隐含了"等待观望期权"。这种柔性定价机制，实际上为技术风险赋予了可交易的金融属性。然而，技术突破的非线性特征往往会使这些模型失效。一个典型的例子是钙钛矿电池效率的跃升,这曾导致传统光伏资产估值集体下跌30%。这一事件充分证明,技术风险溢价的计算需要引入极值理论与肥尾分布假设,以更准确地评估和预测技术进步对资产价值的潜在影响。

在市场不断金融化的背景下,成本下降曲线的映射正在重塑定价逻辑。以光伏组件价格为例,在过去的10年里,其价格下降了惊人的82%,这一明显的降幅被资本市场所捕捉,并转化为可再生能源项目早期现金流更陡峭的折现率。然而,随着学习曲线效应的逐渐减弱,成本预测模型的标准差开始扩大,这导致了项目估值的波动性相应增加。这种动态特征在绿色债券的定价中表现得尤为突出:投资级绿色债券的信用利差正在逐渐接近传统债券的水平,但高收益绿色债券仍然保持着150~200个基点的溢价,这反映了市场对技术成熟度的差异化定价。近年来,供应链风险的技术溢价变得越来越明显,锂矿资源导致价格波动,芯片短缺对智能电网建设形成限制,稀土元素出口管制对永磁电机成本造成了影响,这些因素迫使估值模型在传统的折现现金流框架之外,增设了"地缘供应链压力指数"指标。

在当前的金融计量领域,技术锁定效应已经成为一个备受关注的前沿课题。随着全球对可持续发展和环境保护的重视,现有充电基础设施网络对燃油车替代速度的抑制效应,燃煤电厂碳捕获改造的路径依赖成本,以及生物燃料作物种植对土地功能的长期占用等隐性成本正在逐步被纳入绿色资产的定价参数中。在实物期权模型中,所谓的"灵活性价值"与沉没成本之间的权衡,正在新能源资产估值中呈现出一种独特的形态。例如,风电项目的并网延迟期权价值可能超过其基础发电收益，这种非线性定价特征对传统估值理论提出了挑战。

环境效益的金融转化机制

在碳核算方法论中，不确定性因素对定价基础形成了扰动。国际航空碳抵消和减排计划突然对合格碳信用的项目类型进行严格的限制，导致了存量航空碳信用价格在一周之内暴跌 45%。这一现象充分揭示出环境效益计量标准的变更对定价机制可能产生的颠覆性影响。这种由碳计量标准变化而带来的风险，在金融合约中逐渐被明确。例如，在 2023 年推出的碳信用期货合约中，已经包含了所谓的"方法学调整条款"，这一条款允许买卖双方根据核算规则的变化来调整交割的数量。此外，自然资本定价的金融工程化尝试变得越来越复杂。以红树林碳汇项目为例，其估值需要同时考虑碳封存量、生物多样性价值以及海岸防护效益等多个维度。这种多维定价模型由于在权重分配上存在争议，常常会使价值评估结果出现超过 50% 的差异。

在当前的市场环境中，绿色溢价的双层定价结构正在重塑市场均衡。以特斯拉为例，其碳排放积分收入在 2020 年达到了每辆车 3000 美元的峰值，而到了 2023 年，这一数字已经显著下降至 500 美元。这一现象看似是由监管标准的放松所导致，但实际上是市场对绿色溢价进行动态再定价的结果。当竞争对手普遍达到排放标准时，政策创造的人为稀缺性便不复存在，绿色溢价因此回归到技术优势的真实经济价值。这种溢价衰减曲线不仅在特斯拉的案例中出现，还在绿色建筑认证、可持续航空燃料（SAF）、循环经济项目等多个领域中反复出现。这迫使投资者在进行估值模型分析时，必须增设一个名为"监管套利衰减因子"的新参数，以更准确地反映市场的真实情况。

环境效益的时空错配问题对传统的定价框架提出了挑战。以亚马逊雨林碳汇项目为例,该项目旨在通过保护雨林来实现长期的碳减排效益,然而,它面临一个超过 20 年的巨大时间鸿沟,这个鸿沟存在于远期的减排效益与当前迫切的融资需求之间。此外,在跨国绿色电力交易中,跨境环境权益的归属问题引发了争议,这种争议在不同区域间创造了定价套利的空间。而在考虑代际公平时,气候债务的定价涉及社会贴现率的伦理选择,这是一个关于未来世代与当前世代之间利益权衡的复杂问题。这些存在于不同时间与空间维度上的矛盾,促成了绿色资产特有的期限结构模型的产生。例如,30 年期绿色国债的收益率曲线中包含了气候政策代际更迭所带来的风险溢价,而碳信用远期合约的期限贴水则反映了市场对未来减排技术进步的预期和信心。

市场结构的制度性摩擦

流动性分层现象影响了绿色资产的定价效率。尽管全球绿色债券的存量已经突破 2 万亿美元大关,但其在二级市场的换手率却远远低于传统债券的换手率,不足后者的五分之一。这种流动性折价现象在经济危机时期会呈现出非线性的放大效应。例如,在 2022 年美联储加息周期期间,投资级绿色债券的买卖价差竟然扩大至普通债券的 2.3 倍之多。做市商对绿色资产的存货管理采取了更为保守的策略,这是因为它们面临 ESG 评级突变可能引发的流动性冻结风险。市场深度的结构性缺陷导致了价格发现机制的失灵,这一点在 2023 年某主权基金减持中国绿色国债时引发的基准利率异常波动中得到了充分的体现,暴露出绿色资产定价机制的脆弱性。

碳市场的割裂现象催生了激烈的定价权博弈。欧盟碳边境调节机制的政策工具的本质在于利用政策杠杆来争夺全球碳定价的主导权。当欧盟排放交易体系的碳价成为进口商品的隐性关税基准时，那些来自发展中国家的高碳产品不得不接受欧盟的碳价传导机制，从而形成了所谓的"制度性套利"。与此同时，自愿碳市场与合规市场之间的价差持续存在，反映出环境效益认证标准与金融属性之间的内在冲突。由于认证体系的不同，每吨碳减排量可能会产生高达300%的价格差异。这种市场分割现象严重削弱了碳资产的定价有效性，使得碳市场难以形成统一而有效的定价机制。

在当今的金融市场中，绿色金融产品的创新步伐已经远远超过了传统定价理论的发展速度。例如，碳中和结构性票据巧妙地将碳信用价格的波动性与固定收益产品的特性相结合，而气候过渡债券则将债券的票息率与发行企业实现的减排效果紧密联系起来。此外，自然灾害巨灾债券的偿付条款是与特定的气候指标挂钩的，这意味着如果发生预定的极端气候事件，债券的偿付条件就会被触发。这些创新的混合型金融产品在定价时，不仅要考虑金融市场的波动率曲面，还要处理环境变量的随机过程，这使传统资产定价理论中的分离定理变得不再适用。为了应对这种复杂性，做市商和金融机构不得不转向更为先进的技术手段，比如机器学习和强化学习算法，以便在极其复杂的、超高维的参数空间中寻找和实施有效的动态对冲策略。

数据与技术重构定价

区块链技术与物联网的快速发展正在深刻地改变着人们对环境效益的计量方式，使计量方式变得更加可信和透明。特别是通过智能合约实现的自动核证系统，能够将云南林业碳汇项目中树木的生长数据实时地上传至区块链上，从而为碳信用创造了一个可追溯的"数字孪生"模型。这种技术上的革新，使原本抽象的碳资产得以转化为可编程的数字化商品，进而使定价模型能够更加精确地纳入实时的碳汇量、项目风险系数以及其他高频数据。然而，技术赋能的同时也带来了新型风险。例如，当卫星监测技术发现印度尼西亚的"REDD+"项目出现了毁林行为的迹象时，相关碳信用的价格在算法交易的推动下可以在短短的24小时内迅速归零。这一现象充分展示了数据透明化对传统定价机制的颠覆性影响。

人工智能技术正在引领环境风险定价理论研究进入一个全新的时代。其中，气候科技公司正在积极采用深度学习技术，将来自全球各地气象站的数据、海洋温度的详细记录以及冰川运动的影像资料等，转化为具有实际意义的气候风险因子。例如，瑞士再保险公司推出了一项名为"海平面上升压力测试模型"的创新工具，运用先进的卷积神经网络技术来识别沿海地区资产可能面临的各种风险暴露。这种模型，原本以10年为周期评估的灾害概率被进一步细化，形成了更为精确的年度风险曲线。然而，这种基于大量数据驱动的定价方法也带来了一个挑战，即模型的可解释性问题。当人工智能系统提出建议时，如某绿色债券需要增加75个基点的气候风险溢价，分析师往往难以追踪并理解这一定价建议背后的详细逻辑和推理过程。

如今，我们正目睹一场量子计算技术可能为绿色资产定价理论研究带来的革命性变革。在碳市场中，组合优化问题是一个复杂的挑战，它涉及数以万计的实体之间的排放权分配。量子退火算法的出现，使这一问题的最优配置方案可以在短短几分钟内得到解决，比传统算法的处理速度有了质的飞跃。此外，在气候情景分析中，传统上需要处理数百万量级的蒙特卡洛模拟，这通常是一个耗时的过程。然而量子计算的并行处理能力有望将这一过程压缩至实时完成，大大提高了效率。更进一步，量子技术的演进可能会对碳价形成机制本身产生深远的影响。量子随机数生成器的应用，有可能彻底改变碳拍卖市场中价格发现的过程，而量子共识机制的引入，则可能催生一个去中心化的碳定价网络。这些技术进步不仅将提高绿色资产定价的效率，而且可能会改变我们对时间和空间尺度的理解，重新定义绿色资产定价的未来。

3. 数字资产的金融风险分析

随着数字资产的兴起，我们目睹了金融风险领域正在经历一场深刻的变革。在区块链技术构建的分布式账本世界中，传统金融体系所面临的信用风险、市场风险以及操作风险以全新的形式出现，它们被重新定义为智能合约中的潜在漏洞、共识机制下的策略博弈以及私钥管理上的安全危机。比特币价格的剧烈波动（其波动率有时甚至超过著名的纳斯达克指数的五倍之多）凸显了数字资产市场的不稳定性。此外，算法稳定币抵押率在短短 24 小时内的急剧下降，以及跨链桥技术遭遇黑客攻击导致巨额资金瞬间蒸发的事件，都表明了数字资产市场风险的形态正变得日益复杂且破坏力巨大。这些风险的根源既在于技术创新所带来的范式转变，也在于人类固有的本性。这种对抗在去中心化的理想与中心化的现实之间造成了危险的裂痕，使数字资产市场成为一个充满挑战和不确定性的领域。

技术原生的风险因素

区块链的不可篡改性,虽然在一定程度上保证了数据的完整性和安全性,但同时带来了不可逆的风险。在传统的金融体系中,如果发生错误的交易,可以通过冲正机制来修正。然而,在区块链世界中,一旦智能合约被部署到网络上,其代码中的任何漏洞都将永久存在,无法通过简单的修正来解决。这一点在 2022 年 Wormhole 跨链桥遭受黑客攻击的事件中得到了充分的体现。攻击者利用智能合约签名验证过程中的一个缺陷,成功盗取了价值 3.2 亿美元的加密货币,这一事件不仅暴露了"代码即法律"的致命缺陷,也凸显了智能合约在安全性方面的脆弱性。除了智能合约的漏洞,区块链底层架构中还隐藏着更为隐蔽的风险。例如,在权益证明机制中,质押流动性危机可能使整个网络的稳定性受到威胁;工作量证明机制虽然安全,但其巨大的能源消耗问题也引发了外界对其可持续性的质疑;分片技术虽然可以提高区块链的扩展性,但其状态同步过程中的漏洞也可能成为攻击者利用的弱点。这些底层架构的脆弱性就像定时炸弹一样,随时可能引爆,破坏整个区块链生态系统的稳定性。

以太坊(ETH)在完成向权益证明机制的合并之后,验证者的集中度风险变得尤为突出。此外,Solana 网络中的节点运营商似乎形成了一个隐性的卡特尔,Filecoin 的存储矿工也出现了地理上的集聚现象。这些情况都在不断地侵蚀着区块链技术所承诺的去中心化特性。当网络的控制权落入少数实体手中时,原本旨在提供抗审查性的区块链技术反而退化成为风险传导的高速通道。尽管零知识证明技术的应用在增强隐私性方面取得了显著进展,但同时也为监管机构带来了新的挑战,因为它创造了一个监管盲区。这个盲区被一些不法分子所利用,为洗钱和恐怖融资活动提供了新通道。

跨链互操作性构建了系统性风险矩阵。在资产跨链转移的过程中,包装代币机制、中继链验证节点的串谋行为,以及异构链通信协议中潜在的漏洞,共同形成了链式反应的传导路径。2023 年 Poly Network 遭受攻击的事件清晰地揭示了一个事实:即使是在单一区块链上存在的安全漏洞,也可能通过跨链桥的机制,引发多链之间的流动性危机。这种风险传染机制与传统金融体系中机构之间的关联性逻辑截然不同,它在智能合约的自动执行过程中,实现了风险的量子纠缠式扩散,从而使风险的管理和控制变得更加复杂和困难。

算法支配的市场失序

在加密货币领域,去中心化交易所的自动做市机制已经成为一种创新的交易方式。这种机制通过使用恒定乘积公式来维持交易对之间的流动性。这种机制在大多数市场条件下表现得相当优雅和数学化。然而,在极端市场行情下,这种机制却可能产生流动性黑洞的问题。当市场价格严重偏离其应有的平衡点时,那些为交易池提供流动性的参与者会面临巨大的无常损失,且这种损失会随着价格的进一步偏离而呈指数级放大。这种现象导致资本从流动性池中加速撤离,形成了一种正反馈效应。2023 年,这种效应在 Curve 流动性池遭受的攻击中得到了明显的体现。当时,仅仅 3% 的价格偏移就触发了一系列的连环清算事件,最终导致了高达 2 亿美元的巨额损失。

在金融领域,算法稳定币的庞氏循环不断地对金融守恒定律发起挑战。以 TerraUSD 的崩溃为例，其设计中所采用的反射性机制，即通过铸造 LUNA 代币来维持与美元的挂钩，本质上是建立在市场会持续不断地扩张这样一个脆弱的假设之上。然而，当所谓的"死亡螺旋"被触发时，算法稳定币的抵押率可以在数小时之内从 100% 暴跌至不足 5%，这完全脱离了传统货币银行学的风险控制框架。更为危险的是，一些新型的算法稳定币项目通过嵌套衍生品和跨链杠杆来掩饰其风险，这使系统性风险在去中心化金融的狂欢中不断累积，为整个金融体系埋下了潜在的隐患。

预言机操控已经成为市场操纵的一种新兴形式。以 Chainlink 为代表的去中心化预言机的数据延迟问题以及价格的快速下跌，有可能会引发链上衍生品市场的非理性清算行为。与此同时，中心化交易所的插针行为与链上价格预言机的紧密结合，为跨市套利攻击创造了新的机会。当现货市场的价格与链上喂价①出现显著偏离时，由套利机器人发起的闪电贷攻击能够在一笔交易中迅速耗尽流动性池，并且这种新型的市场操纵手段能够完全绕过传统的监管框架。

监管真空与制度套利

在全球范围内，监管的碎片化现象导致了监管套利空间的产生。美国证券交易委员会将代币视为证券并进行监管，而欧盟的 MiCA 框架则将加密资产归类为一种全新的资产类别。与此同时，中国采取了全面禁止加密货币交易的政策。这些政策上的差异迫使项目方不得不设计出能

---

① 喂价（Price Feed）是区块链中通过预言机将链下市场价格数据实时写入链上供智能合约调用的机制。

够适应不同监管环境的策略,以进行监管套利。离岸实体架构、去中心化自治组织的法律身份模糊不清,以及协议层治理代币的发行,都在巧妙地利用不同司法管辖权之间的空隙来逃避监管。这种系统性的套利行为不仅加大了投资者保护机制缺失的程度,还使风险在全球监管的复杂格局中持续地转移并放大,最终形成难以解决的全球性问题。

在当前的金融环境中,反洗钱的防线似乎在隐私技术的冲击下显得不堪一击。以门罗币为代表的加密货币,利用其独特的环签名技术,为用户提供了高度的匿名性,使对交易的追踪变得异常困难。与此同时,Zcash 通过零知识证明[①]技术,进一步加强了交易隐私保护,确保交易双方的信息不被泄露。而 Tornado Cash 的混币器服务,则为加密货币的匿名交易提供了更为复杂的几乎无法穿透的匿名交易网络。2022 年,某黑客组织利用这些隐私技术,成功通过混币器清洗了高达 6.25 亿美元的被盗加密货币,这一事件充分说明传统金融情报网络在面对新兴隐私技术时可能会完全失效。面对这一挑战,监管机构试图通过追踪区块链上的地址信息和加密货币交易所的 Know Your Customer 数据来重建其监控网络。然而,随着跨链资产转移技术的普及以及隐私币种的广泛使用,追踪加密货币交易的成本正在以指数级的速度上升,这无疑给监管机构带来了前所未有的挑战。

税收征管面临的困境也引发了一系列财政风险,这些风险还可能向其他领域扩散。数字资产,特别是加密货币,由于其跨境流动性极强以及交易的相对匿名性,给税务机关带来了巨大的挑战。英国税务海关总

---

① 零知识证明(Zero‐Knowledge Proof)是指一种密码学工具,允许互不信任的通信双方之间证明某个命题的有效性,同时不泄露任何额外信息。

署的统计数据显示，2023 年，英国与加密货币相关的税收缺口已经达到了惊人的 12 亿英镑。这一数字凸显了税基被侵蚀的严重性，而税基被侵蚀是国家财政稳健的重要威胁之一。

更令人担忧的是，随着技术的进步，税收套利策略正变得越来越智能化。例如，流动性挖矿的收益可以被再投资以获取更多收益，而跨链桥技术的使用则允许用户在不同区块链之间转移资产，从而规避税务管辖。此外，非同质化代币的折旧计价方法中存在漏洞，这些漏洞被机构投资者利用，构建起一个全球化的数字资产避税架构。这些行为不仅侵蚀了税基，还威胁到主权国家的财政安全，因为这些行为削弱了政府通过税收来提供公共服务和基础设施建设的能力。

金融基础设施的脆弱性

私钥保管的悖论持续制造资产灭失风险。钱包硬件的物理损毁、助记词保管不当、多签协议的治理僵局等因素共同导致每年 30 多亿美元的加密货币永久丢失。这种风险完全由个体承担的特性，使传统金融托管人责任制度崩塌。当机构投资者通过多方计算技术分割私钥时，又面临节点运营商共谋与法律追索权缺失的新困境。此外，私钥的丢失或被盗还可能引发更为广泛的信任危机，影响整个加密货币市场的稳定性。因此，如何安全有效地管理私钥，已成为加密货币领域亟待解决的重大问题。

中心化交易所的资产负债表不透明，这构成了系统性隐患。FTX 崩盘事件说明交易所挪用用户资产进行高风险投资已经成为行业的潜规则。这类行为包括杠杆借贷、提供 staking 收益承诺以及资金池运作的理财产品。在缺乏透明度和审计监督的情况下，这些行为很容易演变成庞氏骗局。更令人担忧的是，交易所通过发行自己的平台币进行变相融资，将自身的财务风险与代币价格深度绑定，从而创造出尾部风险极强的混合型金融产品。

DeFi 协议的组合性风险正在突破可控边界，这种现象引起了业界的广泛关注。随着收益聚合器的出现，用户资金被自动配置在多个不同的 DeFi 协议中，这种所谓的"乐高金融"模式在为用户提高收益率的同时，也给用户带来了不容忽视的问题。它将智能合约的风险进行了几何级数式的放大，使原本单一的智能合约风险扩散至整个金融网络。2023 年 Euler Finance 遭受攻击的事件，就是一个典型的例子。在这次事件中，一份借贷协议中的漏洞被发现，从而触发了一系列的连锁反应，导致了 14 个与之关联的 DeFi 协议接连发生清算。这一事件充分证明了，DeFi 原本被视为金融创新的重要动力的可组合性，已经异化为风险的催化剂，对整个去中心化金融生态系统的稳定性构成了严重威胁。

市场心理与群体非理性

在代币经济模型中，成瘾性设计扭曲了人们对风险的认知。例如，流动性挖矿所承诺的高年化收益率具有极大的诱惑力，而游戏金融化的边玩边赚钱机制则通过游戏化的方式吸引用户参与。此外，迷因币的社区狂欢文化也利用了人体的多巴胺奖励机制，诱导人们进行非理性的投资行为。当项目方通过精心设计的代币释放曲线和锁定期来制造一种稀缺性的幻觉时，市场参与者往往陷入一种集体的认知失调状态。在这种状态下，市场参与者可能会将本质上是庞氏骗局的结构错误地理解为一种技术创新,从而进一步加剧投资风险。

在探索去中心化治理时,现实世界中的种种困境逐渐浮出水面。去中心化自治组织的治理代币分配不均衡,导致了一种寡头统治的局面,其中,仅占总数 1% 的地址就控制了大多数主流协议超过 60% 的投票权。这种高度集中的权力结构,使治理攻击事件频繁发生。攻击者利用闪电贷等金融工具,在极短的时间内获取大量的投票权,进而推动那些有利于他们自身利益的提案获得通过。去中心化自治组织的这种中心化倾向和对攻击的脆弱性,使原本旨在实现民主决策的数字资产项目的战略决策过程往往变成了资本博弈的战场,从而牺牲了项目的长远发展和社区利益。

另外,错失恐惧与恐慌性抛售的共振效应在现代金融市场中被算法放大。社交媒体上的机器人和链上交易中的巨鲸投资者,通过协同操作,可以在短短的 24 小时内制造出人为的市场趋势。这种趋势往往伴随着大量杠杆交易和永续合约的使用,而这些衍生品市场的资金费率机制进一步扭曲了价格波动,形成了自我强化的市场癫狂现象。

系统性风险的跨界传导

随着数字资产与传统金融体系之间耦合度的不断加深,两者之间的传染效应也日益凸显。例如,特斯拉在其资产负债表中加入了比特币作为一项资产头寸,这不仅体现了大型上市公司对数字资产的接受程度,也意味着数字资产市场一旦出现波动,特斯拉的财务状况就可能会受到影响。与此同时,MicroStrategy 通过发行公司债来购买比特币,其公司债与比特币价格之间的联动关系,构建起风险传导的实体通道。此外,

Silvergate银行等机构积极吸纳与加密货币相关的客户存款，这些银行的财务健康状况与加密货币市场的波动息息相关。当数字资产市场遭遇崩溃时，不仅上市公司可能会面临资产减值的风险，从而触发股市的抛售行为，而且那些对加密货币友好的银行也可能遭遇挤兑危机。这种危机有可能蔓延至整个传统金融体系，使金融市场更不稳定。

稳定币的货币替代效应对金融主权构成了潜在的威胁。泰达币（USDT）在阿根廷的流通量已经达到了该国广义货币供应量的3%，这一现象不容忽视。此外，Terra公司的崩溃事件导致韩国短期国债收益率出现了异常的波动情况，这进一步凸显了私人货币跨境流动对央行货币政策传导机制的削弱作用。更加令人担忧的是，算法稳定币有可能演变成全球资本流动的暗池，并在美元体系之外构建出一个平行的结算网络。这种趋势若不加以控制，可能会对全球金融体系的稳定性和各国的金融主权造成不利影响。

随着全球对碳中和的日益重视，挖矿活动所导致的能源消耗问题正变得越来越突出，这加剧了ESG方面的风险。比特币网络的年耗电量已经超过了整个挪威的年耗电量，这一惊人的数字凸显了工作量证明机制所带来的环境外部性问题。这种环境影响已经引起了主权财富基金的关注，导致主权财富基金开始从投资组合中撤出对加密货币挖矿相关企业的投资。当ESG评级机构开始将数字资产纳入其评估体系时，那些持有加密资产的上市公司可能会面临估值折价的风险。这种绿色金融的反身性效应正在对资本配置的逻辑产生深远的影响，促使投资者和企业重新考虑其资产组合和投资策略，确保投资符合可持续和环保的发展方向。

4. 数字资产的资产定价机制分析

数字资产的定价机制，实际上是一场深刻颠覆传统金融认知的量子跃迁。当比特币的哈希算力成为价值锚点，当 Uniswap 的恒定乘积公式取代了传统做市商的报价方式，当 BAYC 猿猴头像的社交资本转化为链上估值时，我们看到金融价值的生成逻辑已经被彻底改写。在这个由代码、密码学与分布式共识构筑的新世界中，资产定价不再局限于传统的现金流贴现模型或风险溢价理论，而是演变为一个由算法博弈、社区治理与网络效应共振所构成的复杂过程。数字资产的价格波动曲线，既是技术协议迭代的实时映射，也是人类集体信念的链上铭刻，更是传统金融体系与加密原生文明碰撞的能量图谱。这种变革不仅体现在技术层面，还深刻地影响了我们对价值、信任以及所有权的理解。在这个全新的金融生态系统中，每一个参与者都成为价值创造的一部分，而不再是被动接受价格的消费者。我们正在见证一个由去中心化金融和非同质化代币驱动的新时代的诞生，这将是一个充满无限可能和挑战的金融新纪元。

技术协议的价值

在区块链技术中，共识机制是构建数字资产价值的基石。以比特币为例，其工作量证明机制将电力的消耗转化为网络的安全保障，确保了整个系统的稳定运行。每一个区块的生成，都是能量与信任之间的一种等价交换，体现了区块链技术的核心价值。矿工们通过算力竞赛，不仅保证了账本的不可篡改性，还通过哈希率难度的调整机制，动态地锚定了代币的生产成本。这种机制确保了网络的安全性与代币价值之间的紧密联系。随着区块链技术的发展，以太坊从工作量证明机制转向了权益证明机制。在权益证明机制下，验证者需要质押一定数量的以太坊（ETH），收益权与质押量之间形成了一种函数关系。这种机制重新定义了资本的时间价值，并将其编码为区块提议的概率。权益证明机制通过这种方式，将资本的长期投入与网络的安全性紧密绑定。这种共识算法的经济设计，使代币价格与网络安全预算之间形成了一个正向的反馈循环。当代币价格上涨时，它会吸引更多资源投入对网络的维护中，这不仅增强了系统的可信度，还推动了整个网络估值的提升。这种独特的自增强定价逻辑，是区块链中一个非常有趣且重要的现象。

智能合约的可组合性创造了一种全新的价值生成维度。通过这种技术，DeFi 协议能够将传统金融工具分解成一系列可编程的乐高式模块，从而使金融产品和服务变得更加灵活和创新。流动性挖矿作为一种创新激励机制，通过代币激励的方式重构了资金的流动方向，使资金能够更加有效地被分配到需要的地方。例如，Curve 的 veToken 模型通过将治理权与收益权捆绑在一起，使持有者在锁定 CRV 代币的同时，能够获得投票权的提升，进而提高池子的收益。这种设计巧妙地将治理参与转化为可量化的年化收益率溢价，从而激励更多的用户参与到协议的治理中来。另外，Aave 的闪电贷机制则颠覆了资本的时间价值概念。这种机制允许用户在无须抵押的情况下进行瞬时借贷，只要套利利润能够覆盖手续费。这种瞬时资本流动性的出现，彻底改变了传统套利定价理论的假设条件，为金融市场带来了全新的可能性。

跨链互操作协议正在重塑价值交换的时空结构。随着技术的不断进步，Cosmos 的 IBC 协议通过中继链实现了异构区块链间的资产转移，这一创新性协议使不同区块链之间的资产和数据能够实现无缝对接和高效传输。与此同时，Polkadot 通过其独特的平行链插槽拍卖机制，将跨链通信权金融化，允许项目方通过竞拍的方式获得在 Polkadot 网络中进行跨链通信的权利。这种机制不仅促进了跨链生态的繁荣，也使跨链通信成为一种有价值的资源。

当资产能在多条链间自由流动时，定价权的争夺便从单一链内市场扩展至跨链流动性网络。这意味着资产的定价不再局限于单一的区块链环境，而是可以在一个更为广阔和复杂的网络中进行。这种变化为市场参与者提供了更多的机会，同时也带来了新的挑战，比如如何在多个区块链之间保持价格的一致性和稳定性。LayerZero 的全链互操作性尝试可通过去中心化预言机网络实现全链状态同步。LayerZero 致力于构建一个能够连接所有区块链的通用协议，使不同区块链上的应用能够相互操作和通信。这种技术愿景一旦实现，将催生出全球统一的流动性池，彻底消除跨链价差存在的技术基础。这不仅将极大地提高资产转移的效率，也将为整个加密货币市场带来前所未有的流动性，进而推动整个行业进一步发展和成熟。

市场微观结构的算法革命

自动做市商机制通过其独特的设计，彻底改变了流动性供给的传统方式。特别是 Uniswap V3 版本引入了集中流动性设计，这一创新允许流动性提供者在特定的价格区间内部署资金。这种做法实际上将传统做市商所采用的主动报价策略转变为一种被动的区间选择策略。通过这种方式，流动性分布可以用数学模型来精确地描述，而价格曲线则变成了一个可编程的对象。举例来说，当 99% 的流动性集中在 ETH/USDC 交易对的 1% 的价格区间内时，市场深度会呈现出高度非线性的特征，这意味着即使是微小的交易量，也能够引起剧烈的价格波动。这种由算法驱动的流动性结构，使数字资产的价格发现机制与传统基于订单簿的市场有了本质上的不同，从而开辟了全新金融技术的应用领域。

预言机网络在连接区块链内外的价格信息方面扮演着重要角色，成为关键的基础设施。Chainlink 的去中心化数据馈送技术，使 Coinbase 平台上的比特币现货价格能够被转换成链上可读的格式，从而为 Perpetual Protocol 的永续合约结算提供了坚实的支持。然而，预言机网络在运行过程中也面临一些挑战和风险，尤其是数据延迟和数据源被操纵的问题。以 2022 年 Mango Markets 遭遇攻击的事件为例，黑客通过操纵预言机提供的价格数据，人为地提高了抵押品的价值，从而非法窃取了高达 1.15 亿美元的资金。这种风险的存在迫使去 DeFi 协议不得不设计出更为复杂的预言机安全机制，以确保系统的稳健运行。例如，MakerDAO 就采用了多个数据源的中位数定价策略，这种方法虽然在一定程度上增强了系统的安全性，但也带来了价格响应的滞后问题，并可能为套利者创造了机会。

当前，去中心化衍生品市场正在经历一场革命，它正在重新定义风险定价的规则。以 dYdX 为例，该平台推出的永续合约采用了资金费率机制来平衡市场中的多空头寸。这种机制非常独特，它每 8 小时就会根据标记价格与指数价格之间的偏离度进行调整。这样的设计不仅使衍生品的价格能够反映出标的资产的预期价值，而且还融入了市场情绪的时间价值,从而为投资者提供了更为全面和动态的风险评估。另外,Opyn 的欧式期权协议将著名的 Black-Scholes 模型编码为智能合约,并通过链上波动率指数来动态调整期权的溢价。这种做法在理论上能够提供更为精确的定价,但同时也揭示了一个问题:当链上流动性不足时,隐含波动率的计算可能会出现完全失真的情况。这种情况暴露出算法定价模型在极端市场条件下的脆弱性,提醒市场参与者在使用这些先进的金融工具时需要保持警惕。

代币经济学的博弈均衡

通缩模型通过代币销毁来制造数字稀缺性的幻觉。具体来说,BNB 每季度会根据交易量销毁一定比例的代币,这种机制巧妙地将平台的收入与代币的价值紧密联系起来,从而创造出类似于股票回购的价值支撑效应。然而,这种人为制造的稀缺性可能会引发反身性泡沫效应:当市场参与者预期未来销毁的代币数量将会增加时,投机性的买盘会提前涌入市场,从而推高币价。这导致实际盈利金额对应的市盈率远远超出了合理的水平。这种自我实现的预言机制,实际上使通缩模型成为项目方操控市场预期的一个非常精妙的工具。

治理代币的价值捕获逻辑正面临来自市场和投资者的根本性质疑。尽管 UNI 代币持有者拥有对协议参数调整的投票权,但 Uniswap 的主要收入实际上还是流向了为平台提供流动性的参与者,而非代币持有者本人。这种治理权与收益权的错位,导致治理代币的估值缺乏坚实的基本面支撑,其价值在很大程度上依赖于对未来现金流权的空头承诺。与此同时,ApeCoin 也试图通过与 Bored Ape Yacht Club 生态系统的权益绑定来破解这一困境。ApeCoin 的持有者不仅能够参与去中心化自治组织的治理过程，还能获得参与专属活动的权利以及商业分成的机会。这种"治理+"模式为代币的价值注入了真实效用的维度，从而可能为治理代币的估值提供更加稳固的基础。

通过游戏赚取收益的模式已经彻底改变了传统的劳动价值交换体系。以 Axie Infinity 为例，游戏内流通的 SLP 代币实际上充当了玩家劳动的报酬。这种代币的价值不仅取决于玩家投入的游戏时间（即他们的生产力），还受到市场吸收能力的影响（即新玩家加入游戏的速度）。这种独特的微观经济模型在菲律宾等地催生了一种全新的机构——职业打金工作室，这些工作室专门组织玩家进行游戏以赚取 SLP 代币。然而，当新玩家的增长速度开始放缓时，市场上的 SLP 代币供应量就会超过需求，使代币价格急剧下跌，也就是所谓的代币崩盘。这种由算法调节的供需平衡机制，实际上揭示了数字生产关系中剩余价值分配的尖锐矛盾，反映了在去中心化的经济模型中，如何平衡生产与消费、供给与需求，以及如何合理分配劳动成果，仍然是一个需要深入探讨并妥善加以解决的问题。

监管套利与制度博弈

不同主权国家之间的监管政策存在明显差异，这为市场参与者提供了利用这些差异进行套利的机会。例如，美国证券交易委员会（SEC）将某些加密货币代币定义为证券，这促使许多项目方选择在新加坡或瑞士等国家注册，以规避美国的严格监管。然而，SEC 的监管影响力并不局限于美国本土，其执法范围通过所谓的"效果原则"扩展到了全球范围。这种监管上的博弈在稳定币市场中表现得尤为明显。以 USDT 为例，它通过离岸架构来规避美国的监管要求，但其大约 80% 的发行储备资金被投资于商业票据。这种做法实际上构建了一个影子银行系统，因为商业票据通常由非银行金融机构发行，且不受传统银行监管体系的严格监管。当美国联邦储备系统提高利率时，通常会引发商业票据市场的波动和不确定性。由于 USDT 的储备资产中商业票据占比较高，当市场出现动荡时，USDT 会面临脱钩的风险，这种风险会迅速波及整个加密货币市场，影响市场稳定性和投资者信心。

去中心化自治组织的法律灰色地带催生了新型的估值因子。在美国怀俄明州，去中心化自治组织被正式认定为有限责任公司，这为去中心化自治组织提供了一定程度的法律保护。然而，SEC 持有不同的观点，他们将某些去中心化自治组织视为未注册的证券发行方，导致其法律地位的不确定性。这种不确定性使人们在对去中心化自治组织治理代币进行估值时，必须考虑监管风险溢价，因为监管机构的介入可能会对代币的价值产生重大影响。2023 年，Ooki 去中心化自治组织遭到美国商品期货交易委员会的起诉，这一事件导致代币价格在诉讼信息公开后暴跌了 60%。这一案例清晰地展示了法律风险对数字资产定价的即时冲击效应，强调了在去中心化金融领域中，法律和监管因素对数字资产价值的潜在影响。

随着央行数字货币的推出和稳定币之间的竞争，法币的溢价结构正在经历一场深刻的重构。数字人民币，作为中国人民银行发行的数字货币，其内置的智能合约功能为跨境贸易提供了新的可能性，这可能会逐渐侵蚀目前由 USDT 主导的市场份额。市场参与者已经观察到，这种潜在的替代效应已经在离岸人民币稳定币的溢价波动中有所体现。与此同时，欧洲央行正在考虑为数字欧元设定一个持有量上限，这样的政策设计可能会导致机构投资者在寻找新的投资渠道时,将它们过剩的流动性投入去中心化的金融协议中。这种资金流向的改变可能会意外地推高去中心化稳定币的市场估值,从而进一步影响整个加密货币市场的发展。

行为金融的链上映射

错失恐惧和恐慌性抛售的链上行为的可观测性,为行为定价提供了新的证据。根据 Glassnode 的链上数据分析,当比特币持有者的未实现利润超过历史均值的两倍标准差时,市场往往已经接近顶部。这种基于未花费交易输出年龄分布的行为模型,能够比传统的技术指标更早发出市场转折点的预警信号。在 NFT 市场中,情绪波动表现得更为戏剧化。例如,Bored Ape Yacht Club 的地板价在 Instagram 上宣传后,单日暴涨了 80%。这种社交资本向金融价值的快速转化,彻底改变了传统估值模型的预测能力,显示出社交媒体影响力在现代金融市场中的巨大作用。

在当今的加密货币市场中,巨鲸地址的链上活动已经变得越来越透明,甚至成为一种明牌游戏,而其中的市场操纵行为尤为突出。例如,2023 年,一个持有高达 3 万比特币的巨鲸地址通过一系列精心策划的操作,试图操纵市场。这个地址通过拆分没有成本的交易输出并在不同交易所之间进行转账,制造出虚假的流动性信号。这种策略的目的是诱使其他投资者跟风买入,从而推高资产价格。然而,一旦价格达到预期水平,这个巨鲸地址就会反手做空,利用价格下跌来获利。尽管这种操纵手法的可追溯性本应使其有效性降低,但在现实情况中,当足够多的算法交易机器人将链上数据作为输入参数时,巨鲸的刻意信号释放仍然能够引发机器人群体的集体响应。这表明,尽管市场参与者可以追踪到这些操纵行为，但算法交易的普及和自动化决策过程仍然容易受到这些操纵信号的影响，从而在一定程度上削弱了市场的公平性和透明度。

MEME 币的病毒式传播验证了反身性理论的链上版本。这种现象在数字资产领域尤为突出，其中狗狗币就是一个典型的例子。尽管狗狗币本身并没有引入任何技术上的革新或应用上的突破，但它的市值却在埃隆·马斯克推文的推动下成功突破了百亿美元大关。这种纯粹由叙事和社交传播所支撑的估值，揭示了一个重要的现象：在数字资产领域，索罗斯提出的反身性理论已经从市场认知与基本面的互动升级为模因与流动性的正反馈循环。这种循环不仅在经济理论中具有重要意义，而且在实际的市场操作中也显示出巨大的影响力。它表明，数字资产的价值不再仅仅依赖于传统的财务分析或技术分析，而是越来越多地受到网络效应和社群心理的影响。因此，投资者和市场分析师需要重新考虑如何评估和预测这些资产的价值，以及如何在这样一个快速变化和充满不确定性的市场中作出明智的投资决策。

跨维定价的未来挑战

量子计算的发展和应用对密码学的基础构成了潜在的威胁，且正在重新定义系统风险的溢价。随着量子技术的不断进步，特别是 Shor 算法的实用化，它将有可能破解目前广泛使用的比特币的椭圆曲线数字签名算法。尽管这种技术末日情景发生的概率非常低，但其潜在的破坏力已经引起了市场的关注，并在长期期权合约的波动率曲面上得到了体现。与此同时，QANplatform 等针对量子计算威胁的区块链项目，正在尝试开发抗量子加密技术。这些项目的估值中包含了对未来技术的超前溢价，尽管它们的实际应用场景和市场需求尚未完全明确。

随着人工智能技术的不断进步，人工智能代理开始在金融市场中扮演越来越重要的角色，从而改变了市场参与者的结构。一家创新的对冲基金公司 Numerai，已经开发出一种独特的模型，该模型允许人工智能策略直接竞争进行资金管理。在这个模型中，代币 NMR 的价值与 AI 策略的预测能力紧密相连，形成了一个直接的经济激励机制。随着 AI 交易员逐渐成为市场的主流参与者，我们可能会观察到市场价格波动出现新的统计特征。一个显著的变化是高频交易策略的同质化，这可能导致流动性黑洞的频繁出现，即市场在某些时刻突然缺乏流动性，使交易变得困难。此外，基于强化学习的策略不断进化，市场上可能会出现不可预测的相变，即市场行为和结构发生突然且根本性的变化。这些变化对市场稳定性和预测模型提出了新的挑战，同时也为金融市场带来了前所未有的机遇。

在探讨元宇宙资产定价的问题时，我们不可避免地会遇到虚拟世界与现实世界价值交织的复杂局面。以 Decentraland 为例，其土地的价值评估不仅依赖于地理位置所带来的流量，还深受虚拟经济体内 GDP 增长潜力的影响。这种增长潜力反映了虚拟资产的内在价值，以及其在虚拟世界中的经济活动和交易的活跃程度。与此同时，奢侈品牌 Gucci 在虚拟游戏平台 Roblox 上销售的虚拟手袋价格竟然超过了其现实世界中的实体包款，这一现象说明数字稀缺性能够带来溢价效应。这种效应正在对传统的供需理论发起挑战。随着增强现实技术的不断进步，NFT 艺术品能够被叠加到物理空间中，创造出一种虚实交融的消费体验。这种全新的体验可能会催生出一种全新的跨维度定价模型，这种模型需要考虑虚拟物品与现实物品之间的相互作用和价值转换。因此，元宇宙资产的定价将不再局限于单一维度，而是需要在虚拟与现实之间找到平衡点，以适应这个日益数字化的世界。

5. 文化资产的金融风险分析

当前，文化资产的金融化浪潮正在深刻地改变着全球资本市场的格局。我们见证了从苏富比拍卖行的拍卖槌声响起，到区块链技术上非同质化代币哈希值生成的转变。这一过程将人类文明的宝贵遗产转化为金融工具，使这些文化资产在资产负债表和交易所账户之间流动。这种将无形文化遗产转化为可交易资产的方式，不仅释放了巨大的经济潜能，同时也构建出一个独特的风险矩阵。在这个矩阵中，价值评估的主观性与量化模型的霸权逻辑相互碰撞，文化伦理的公共性与资本逐利的私权逻辑相互冲突，非物质载体的脆弱性与金融杠杆的扩张冲动相互对抗。当达芬奇的杰作《蒙娜丽莎》的虚拟所有权被分割成数百万份权益代币，当彝族火把节的仪式流程被注册为商业专利，文化资产金融化的每一步都如同在历史记忆与未来收益的钢丝上行走，既充满挑战也充满机遇。

价值评估的认知困境

文化资产定价的困境，实际上源于价值本体的多重性，这是一个复杂而深刻的问题。以敦煌壁画为例，其金融价值不仅体现在矿物颜料的物质成本和古代画师工时的劳动积累上，更深层的价值是，它承载着丝路文明的历史价值、美学范式的研究价值以及民族认同的象征价值。这些价值维度的叠加，使文化资产的定价变得异常复杂。传统的 DCF 模型在尝试折现未来现金流时，往往无法量化文明断代的风险溢价，这使模型在面对文化资产时显得力不从心。另外，Hedonic 定价法虽然能够解析艺术品的特征价格，但它却难以捕捉到《兰亭序》真迹在文化正统性争夺中的政治附加值。这种价值维度的不可通约性，也导致了文化资产定价的困难。拍卖市场的天价成交，既是价值发现的过程，也是认知混乱的产物。例如，2023 年，某元代青花瓷罐以 2.3 亿元人民币的高价成交，其价格构成中究竟有多少份额属于工艺价值，多少份额源于"元青花存世不足百件"的稀缺性叙事，多少份额来自华人收藏圈的文化寻根冲动，这些问题往往成为无解的谜题。文化资产的定价，不仅是一个经济问题，更是一个文化、历史和政治交织的复杂议题。

在当今社会，非物质文化遗产的金融化趋势日益明显，然而这种趋势也暴露出评估体系的脆弱性。以贵州侗族大歌为例，当它被包装成旅游地产的配套知识产权，其估值模型的构建就变得异常复杂。这个模型不仅要计算音乐人类学价值，还要评估商业演出可能带来的收益，以及保存和保护这种文化基因所需的成本。但是，传承人老龄化导致的技艺失传风险、过度商业化引发的文化失真危机、社区参与度下降造成的原真性损耗，这些难以用货币衡量的变量，就像悬在头顶的达摩克利斯之剑，随时可能刺破精心构建的现金流预测，给金融化过程带来难以预知的风险。

区块链技术的出现，试图通过非同质化代币确权来解决价值锚定问题，将文化独特性转化为可验证的数字凭证。这种技术的应用，理论上可以为非物质文化遗产的保护和传承提供新的途径。然而，Kabuki NFT 在 OpenSea 平台上的价格暴跌对这种技术赋能的稀缺性提出了怀疑。这一事件表明，尽管技术可以赋予文化产品稀缺性，但它无法替代文化语境的原生价值。文化产品的价值不仅在于其稀缺性，更在于其背后深厚的文化内涵和社区的参与性。因此，在非物质文化遗产的金融化过程中，我们必须更加审慎地评估和保护这些不可替代的文化价值。

在司法纠纷的背景下，价值评估的主观性往往会演变成一种致命的风险。2016年，法国发生了一起著名案件，一位收藏家与拍卖行产生了争议，争议的焦点是一幅莫迪利亚尼的画作。在这个案件中，不同的专家对画作的真伪鉴定给出了截然不同的结论，这种分歧导致了一笔高达5.8亿美元的交易被迫取消，并且引发了连锁的诉讼案件。这一事件表明，在艺术品鉴定领域，主观判断可能会产生严重后果。

尽管人工智能鉴定系统通过笔触分析和材料检测等技术手段，能够显著提升评估过程的客观性，但它们并非万无一失。例如，在使用人工智能技术对《千里江山图》进行鉴定时，算法错误地将画作中标志性的"青绿山水"技法判定为后世摹本的特征，这不仅暴露出技术理性与艺术史观之间的冲突，也揭示了评估体系中存在的深层问题。这种技术与艺术认知之间的差异，可能会导致对艺术品价值的误解和误判。

在更为严峻的战争冲突情况下，这种评估的不确定性所带来的风险更是不容忽视。以也门古城萨那为例，这座古城的建筑群原本因其丰富的文化遗产价值而备受珍视，然而战火的摧毁使这些文化遗产的价值瞬间化为乌有，从珍贵的文化资产变成了废墟。对于那些持有这些文化资产作为抵押品的金融机构来说，它们面临巨大的坏账风险，因为这些抵押品的价值在战火中迅速贬值，甚至变得一文不值。

第 5 章　新兴市场的风险管理和资产定价

流动性陷阱与市场畸形

文化资产二级市场的流动性匮乏，导致了系统性风险的形成。尽管全球艺术品市场的年交易额已经突破 650 亿美元，然而，超过 95% 的拍品在 5 年的时间跨度里，都难以实现再次流通。这种流动性不足导致的折价现象，在经济危机时期会呈现出非线性的放大效应。以 2008 年金融危机为例，印象派画作的平均变现周期从原本的 18 个月延长到了令人震惊的 54 个月。在此期间，如果发生强制抛售的情况，其折扣率甚至可能高达 40%。与此同时，文玩市场的流动性分层现象更为极端，顶级官窑瓷器可以在 24 小时内完成跨境交易，显示出极高的流动性；而地方性的非物质文化遗产手工艺品的变现通道却几乎处于封闭状态，流动性极差。由于缺乏流动性保险产品，持有者不得不承担那些无法通过分散投资来降低的非市场风险。

在尝试进行标准化的过程中，交易所遭遇了文化特殊性的强烈反弹。以文交所为例，它们试图将紫砂壶工艺细分为不同的权益份额进行交易，然而，这种做法忽视了紫砂壶行业中"一壶一价"的传统规则，结果出现了一系列价格操纵的丑闻。另外，影视版权证券化产品的设计者试图通过收视率来预测未来的现金流，但是，像《甄嬛传》这样的作品所展现出的长尾效应，却使传统的评级模型完全失去了效用。这种标准化与独特性之间的矛盾，在数字文化资产的领域中表现得尤为突出。尽管 NFT 市场表面上看起来流动性充沛，但实际上，这种流动性主要集中在头部 1% 的项目上，而大量数字艺术品的交易深度还远远不足以支持有效的价格发现功能。

在当前的市场环境中,做市商制度的缺失进一步加剧了市场的扭曲现象。传统的艺术品市场主要依赖于画廊和拍卖行的隐性做市功能,这种基于人际信任的流动性供给方式在数字化时代面临难以持续的挑战。随着虚拟博物馆的流量变现、沉浸式展览的收益分成以及文物 IP 的跨界授权等新兴交易形式的出现,市场缺乏一个成熟的做市商体系来支撑这些交易,这导致了文化资产价格在投机炒作与价值回归之间出现剧烈的波动。例如,2023 年,某汉代玉璧的数字孪生品在元宇宙画廊中经历了一天之内价格波动达到 300% 的极端情况,充分说明了新型市场结构的脆弱性。

法律与伦理的灰色地带

文物追索问题正在重新定义跨境交易的成本结构。以大英博物馆所藏的《女史箴图》为例,围绕其合法性的争议已经持续了一个世纪之久。对于那些持有存在类似争议文物的金融机构来说,它们正面临一个潜在的资产减值风险,即可能需要将这些文物归还给原属国。2022 年,纽约州法院作出了一项具有里程碑意义的判决,要求一家著名的对冲基金公司归还其持有的柬埔寨古代雕像。这一判决的直接后果是,该对冲基金所管理的艺术品抵押基金的净值在一天之内暴跌了 7%。尽管区块链溯源技术的出现,理论上能够提高文物传承的有序性和透明度,但当涉及殖民时期掠夺的文物时,这种链上确权反而可能引发更广泛的法律追索问题,从而给现有的文物所有权和交易体系带来挑战。

知识产权的地域性割裂导致了套利黑洞的形成。比如,中国《非物质文化遗产法》所保护的唐卡绘制技艺,在印度,这种技艺可能被视作一种公共文化资源,而不受特定的知识产权保护。同样,在非洲,口头传统和民间故事在欧美国家被注册为音乐采样版权，而这些原住民社区往往无法获得应有的收益分成。这种法律冲突在数字时代被放大到了极致。例如，某南美部落的祭祀舞蹈动作捕捉数据被一家游戏公司用于商业行为，这不仅引发了关于文化遗产权属的跨国诉讼，还暴露出文化资产在跨境交易中所面临的法律保护难题。当法律管辖权无法有效覆盖数字空间的高流动性时，文化资产的跨境交易不得不支付高昂的合规成本，以确保其在不同法域中的合法性。

在当今社会，文化伦理的金融化趋势正日益加剧，这种趋势对整个系统的稳定性构成了潜在的威胁。例如，当少林寺的武功秘籍被尝试转化为证券化产品时，这一行为立即遭到了强烈质疑。同样，藏医古籍的商业化开发也引发了关于文化挪用的广泛争议。这些伦理风险可能会被监管机构迅速监管，还可能引发公众舆论危机。2025年，一个著名的NFT平台试图将"屈原数字人格权"作为数字资产发行，这一举措立即引发了公众的强烈不满，导致相关数字代币的价值迅速归零。这一事件充分证明文化伦理在金融化过程中所扮演的"社会许可证"角色是不可逾越的界限。它提醒我们，在金融创新的道路上，必须对文化伦理给予足够的重视和尊重，以避免潜在的危机和损失。

技术赋能的双刃剑

数字孪生技术正在深刻地改变着文物保护领域的金融逻辑和经济模式。以敦煌研究院的洞窟三维建模数据为例，这些数据能够通过产生门票收入来支撑相关的资产支持证券产品，从而为文物保护提供新的融资渠道，但同时也给文物保护带来了潜在的风险。如果这些珍贵的数据发生泄露，那么文化价值可能会被稀释，甚至流失。随着技术的进步，

4K 甚至更高清晰度的复原影像技术已经能够提供与实体参观相媲美，甚至更优的观赏体验。这引出了一个问题：当复原影像技术能够替代实体参观时，文物本体的金融价值是否应被重新评估和界定？目前看来，这种由技术替代带来的风险尚未被现有的定价模型充分认知和考虑。

人工智能创作的兴起正在深刻地改变和颠覆传统的版权价值体系。2018 年，由 AI 创作的"虚拟莫奈"画作在著名的佳士得拍卖行拍出了高达 43 万美元的惊人价格。然而，这幅画作背后的价值归属问题却引发了广泛的争议和讨论。问题的核心在于，这幅作品的创作源泉究竟应该归属于谁——是负责开发该算法的工程师，提供训练数据的版权持有者，还是拥有莫奈作品版权的莫奈遗产基金会。这一确权难题不仅挑战了现有的版权法律框架，也暴露了法律在应对新技术时的滞后性。

更令人担忧的是，人工智能技术在艺术创作领域的应用还会产生其他潜在的负面影响。例如，AI 被用来大规模生成具有少数民族特色的服饰图案，这不仅侵犯了这些民族文化的原创性，还对那些依靠手工技艺传承和销售这些服饰的工匠们造成了巨大的市场冲击。由于这些图案的广泛传播，手工传承人的产品市场价格体系面临崩溃的风险。这种技术性贬值在当前的知识产权保护框架下，似乎找不到合适的救济途径，这无疑加剧了对传统手工艺人权益的侵害。

在元宇宙这个新兴的虚拟世界中，文化资产正面临前所未有的新型安全威胁。以虚拟故宫为例，其珍贵的数字藏品曾经遭受了 51% 攻击，导致了所有权记录的篡改，使原本记录在区块链上的信息不再可靠。这种攻击方式在数字空间中对文化资产构成了严重威胁，因为传统的文物鉴定手段在这样的环境中完全失去了效力。随着科技的不断进步，特别是量子计算的发展,现有的区块链加密体系也面临严峻的挑战。量子计算机的强大计算能力有可能使非同质化代币的哈希值变得容易被暴力破解。一旦这种情况发生,整个数字文化资产的价值基础将面临瞬间崩塌的风险,这无疑是对数字文化资产保护的巨大挑战。

系统性风险的跨界传染

在当今世界,文化资产与地缘政治之间的共振效应变得越来越明显。以中日韩三国围绕"端午祭"申遗的争议为例,这一文化事件不仅关乎传统节日的传承,还影响到与之相关的文化旅游项目的融资成本。在格鲁吉亚,当地独特的酒文化被联合国教科文组织列入名录,这一荣誉不仅提升了格鲁吉亚酒文化的国际地位,也推高了当地葡萄园的并购溢价。这些现象表明,文化认同已经成为大国间博弈的重要工具。三星堆文物的海外展览计划因各种原因而延期,不仅影响了文化交流本身,还可能引起与文化资产相关的交易所交易基金出现异常波动。这种由文化事件引发的金融风险,其传导路径复杂多变,远远超出了传统金融模型的监测和预测能力。

当前,气候变化对文化遗产的物理性威胁正在经历一个金融化的转变。以威尼斯为例,潮汐侵蚀使古建筑受到损害,相关艺术基金的年化损失率已经增加了2.3个百分点。这一现象不仅出现在威尼斯,秘鲁的纳斯卡地画也面临由于极端干旱导致的加速风化问题,其保险费用在三年内飙升了400%。然而,现有的保险产品往往难以覆盖这些渐进性的生态损害,这迫使文化遗产的所有者不得不承担无法通过金融工具对冲的长期风险。

在面对新冠疫情这样的全球性危机时，我们也看到了文化资产的脆弱性。例如，著名的卢浮宫不得不闭馆，这直接导致了其衍生品收入的急剧下降——大概减少了83%。然而，在与这些衍生品相关的资产支持证券产品中，普遍缺乏应对不可抗力情况的条款，所以，在危机发生时，这些衍生产品无法提供有效的风险缓解措施。与此同时，中国传统戏曲的线下演出被迫中断，不仅影响了演员们的生计，也对整个行业造成了深远的影响。这种中断迫使人们开始重新评估和思考数字版权的估值逻辑，因为线下演出的缺失使数字版权的价值和重要性发生了根本性的变化。这种突发性的场景迁移风险，不仅给文化行业造成了冲击，也说明现有文化资产金融化方案在应对紧急情况时存在缺陷和不足。这些方案在设计之初并没有充分考虑到类似新冠疫情这样的全球性危机，因此在危机来临时，这些方案无法提供足够的灵活性和适应性来保护文化资产免受损失。